Seifen & Düfte

Seifen & Düfte

Catherine Bardey

Fotografien: Zeva Oelbaum

KÖNEMANN

Originalausgabe © 1999:
Black Dog & Leventhal Publishers, Inc.
151 West 19th Street
New York, NY 10011, USA

Studio-Fotografien: Zeva Oelbaum

Originaltitel: Making Soaps & Scents

© 2000 für die deutsche Ausgabe:
Könemann Verlagsgesellschaft mbH
Bonner Straße 126
D-50968 Köln

Übersetzung aus dem Englischen: Beatrice le Coutre-Bick
Redaktion: Ralph Henry Fischer
Satz: Birgit Beyer

Projektkoordination: Dorit Esser
Herstellung: Ursula Schümer

Druck und Bindung: Kossuth Printing House Co., Budapest
Printed in Hungary

ISBN: 3-8290-3958-1

10 9 8 7 6 5 4 3 2 1

Inhaltsverzeichnis

Teil I: *Seifen selbstgemacht*

Teil II: *Düfte selbstgemacht*

Teil 1

Seifen selbstgemacht

Ein wenig Geschichte

·

Seifenherstellung – kurz und bündig

·

Das Handwerkszeug

·

Seifenbestandteile und ihre Eigenschaften

·

Zusätze, Wirkstoffe und weitere Öle

·

Grundlagen und Methoden der Seifenherstellung

·

Dekoration und Verpackung

·

Seifengrundrezepte

·

Ausgewählte Rezepte

·

Probleme und Lösungen

Seife gibt es schon lange

Vielleicht nicht gerade in Gestalt einer hautklärenden Lavendel-Limonen-Seife, die dekorativ mit lilafarbenen Blütenblättern durchsetzt und mit einem leichten Zitronenaroma abgerundet ist, wohl aber als schäumendes Reinigungsmittel hat die Seife eine lange Geschichte hinter sich.

Einer Legende nach verdankt sie ihren Namen dem römischen Hügel Sapo, auf dem rituelle Tieropferungen stattfanden. An seinem Fuße floß der Tiber vorbei, wo die Menschen täglich zusammenkamen, um ihre Wäsche zu waschen. Das Regenwasser, das den Berg hinunter in den Fluß strömte, war mit einer kreideartigen Mischung aus tierischen Fetten und Asche, den Überbleibseln der Opferrituale, angereichert. Irgendwann kam man darauf, daß es gerade diese schäumende Kreidesubstanz im Flußwasser war, die die Wäsche hier so besonders sauber machte.

Das Baden gewann in der westlichen Kultur erstmals durch die berühmten römischen Bäder an Popularität – das erste wurde bereits im Jahr 312 v. Ch. gebaut. Seife gehörte damals allerdings noch nicht zum Baderitual. Es sollte bis zum zweiten Jahrhundert vor Christus dauern, ehe sie für die persönliche Hygiene entdeckt wurde. Bis dahin hatte man den Körper mit Milch, Sand, Ölen, Blütenblättern sowie Salben ein- und abgerieben, um Schmutz, Schweiß und abgestorbene Hautschuppen zu entfernen. Erst seit Galen von Pergamon (129 bis 199), neben Hippokrates einer der herausragenden Ärzte der Antike, die reinigende und heilende Wirkung der Seife erkannte, wurde sie für die Körperpflege eingesetzt.

Während des christlichen Mittelalters wurde das Baden und allgemein das Interesse am Körper mit dem Teufel in Verbindung gebracht. Die Standards der Körperpflege und damit auch die Seife gerieten mehr und mehr in Vergessenheit. Als fatale Folge dieser überaus unhygienischen Verhältnisse wurde ganz Europa von todbringenden Seuchen heimgesucht.

Im 13. Jahrhundert tauchte die Seife wieder auf, zunächst in Frankreich, dann auch in England. Die Erkenntnisse zweier französischer Wissenschaftler leisteten der Entwicklung der Seife zum alltäglichen Körperpflegemittel besonderen Vorschub: Nicholas Leblanc patentierte im Jahr 1791 ein Verfahren zur Herstellung von Alkali (einem wichtigen Element der Seifenherstellung), während Louis Pasteur im 19. Jahrhundert den Zusammenhang zwischen Bakterien und Krankheiten aufdeckte – und damit die Notwendigkeit, der Verbreitung von Krankheitserregern entgegenzutreten.

Neue chemische Stoffe und die ständige Verfeinerung der Herstellungsverfahren ermöglichten schließlich die Produktion haltbarer und stark schäumender Seifen, die nun selbstverständliches Allgemeingut wurden und überall erhältlich waren. Und obwohl die heutigen Seifen gegenüber den Substanzen, die von unseren Vorfahren genutzt wurden, bei weitem differenzierter sind, blieben die grundsätzlichen Herstellungsschritte die gleichen. Diese traditionelle Methode der Seifenherstellung können Sie mit wenigen Zutaten und einfachen Handgriffen selbst zu Hause nachvollziehen.

Eine eigene Seife herzustellen weckt nicht nur Kreativität, sondern macht auch Spaß. Außerdem liegt es ganz in Ihrer Hand, was in ihr steckt – z. B. keine künstlichen Zusatzstoffe! Sie werden sehen: Mit etwas Übung, Geduld und Phantasie »schäumen« auch Sie garantiert bald über vor Begeisterung!

Von den Rohstoffen bis zum fertigen Produkt durchläuft jede Seife eine Reihe von Bearbeitungsschritten, bevor sie gebrauchsfertig ist. Wenn man Seife selber machen möchte, kann man dabei ganz von vorne beginnen und die Seife komplett nach der Methode des Kaltrührens herstellen. Man kann aber auch einige Schritte überspringen und vorhandene Seifen reiben, schmelzen und neu formen bzw. die Jell-O™-Methode anwenden. Welchen Weg Sie auch wählen, jede fertige Seife muß zwangsläufig folgende vier Bearbeitungsphasen durchlaufen haben:

ERHITZEN: Zwei Mischungen – die eine aus Ölen, die andere aus Natronlauge und Wasser – werden erhitzt und vermengt.

VERSEIFEN: Zwischen den Ölen, der Lauge und dem Wasser findet eine chemische Reaktion statt.

FORMEN: Die flüssige Seife wird in vorbereitete Formen gegossen und zum Trocknen und Härten beiseite gestellt.

REIFEN: Während dieses Prozesses trocknen und härten die Seifenstücke aus, bis sie ihre endgültige Gebrauchsqualität erlangen.

Erst nach Abschluß dieser vier Schritte ist die Seife endgültig fertiggestellt. Im Laufe des Herstellungsprozesses haben Sie zahlreiche Möglichkeiten, der Seife Ihre ganz persönliche Note zu verleihen. Das beginnt bei der Auswahl der Öle und reicht bis zum Hinzufügen von feuchtigkeitsspendenden Zusätzen, Düften, konsistenzgebenden Zutaten und Farbstoffen.

Sie benötigen für die Seifenherstellung keine aufwendige Ausrüstung. Die meisten Dinge – von der Käsereibe über Spatel bis hin zu Topflappen – finden Sie in Ihrer Küche. Mit etwas Phantasie, Selbstvertrauen und Kreativität werden Sie sich Ihren Arbeitsplatz in kürzester Zeit eingerichtet haben. Die folgenden Utensilien sollten Sie sich bereitstellen:

- Eine Küchenwaage: Falls Sie bereit sind, in Ihr Handwerkszeug zu investieren, dann sollten Sie dies am ehesten bei der Waage tun, der bei der Seifenherstellung große Bedeutung zukommt. Ideal ist eine elektronische Waage mit digitaler Anzeige, denn ein akkurates Abmessen der Mengen – besonders der Natronlauge, der Fette und der Öle – ist bei der Seifenherstellung unabdingbar. Das Abwiegen von Zutaten nach Gewicht ist zudem erheblich genauer als das Abmessen nach Volumen.

- Ein scharfes Messer zum Schneiden und Zerkleinern von Seife und zum Abkratzen überschüssiger Sodaasche.

- Einen Meßbecher aus Glas und einen Löffel aus rostfreiem Edelstahl zum

Abmessen von hautpflegenden Zusätzen, ätherischen Ölen, Kräutern, Gewürzen, Früchten und anderen Substanzen.

- Einen großen laugebeständigen Topf (Hummer- oder Spaghettitopf) aus Edelstahl oder Keramik als Hauptgefäß, in dem alle Zutaten – Fette oder Öle, die Laugen-Wassermischung und die Zusätze (hautpflegende Zusätze, Duftaromen, Farbstoff) – gemischt werden. Ein 8-Liter-Topf reicht hierfür aus.

- Ein laugebeständiges Gefäß aus Glas oder Kunststoff mit einer breiten Gießtülle, um die Laugen-Wassermischung in das Hauptgefäß zu gießen.

- Gummi- oder Latexhandschuhe als Schutz gegen die Lauge, die bei direktem Hautkontakt zu Reizungen führen kann. Behalten Sie die Schutzhandschuhe während des gesamten Herstellungsprozesses an, auch beim Zerschneiden der gehärteten Seife, wenn sie bereits abgekühlt ist. Der endgültige pH-Wert ergibt sich erst nach Abschluß des Reifungsprozesses (*siehe* Seite 46).

- Eine normale Brille oder eine spezielle Schutzbrille, um die Augen vor den Laugendämpfen zu schützen, die vor allem beim Mischen der Lauge mit Wasser entstehen.

- Eine Einwegatemmaske, wie sie Bauarbeiter und Maler tragen, um sich vor dem Einatmen der Laugendämpfe zu schützen.

- Eine Käsereibe zum Reiben von Seifenresten für handgeriebene Seifen (*siehe Seite 50*).

- Eine Kaffeemühle oder Küchenmaschine zum Zerkleinern von Kräutern, Gewürzen, Blüten, Früchten.

- Zwei Lebensmittelthermometer zum Kontrollieren der Temperaturen von Fetten, Ölen und Lauge. Günstig sind Edelstahlthermometer, die

sich am Gefäßrand befestigen lassen.

- Einen großen Löffel aus rostfreiem Edelstahl zum Zugeben und Umrühren von Zutaten.

- Einen Trichter aus Edelstahl zum Einfüllen der flüssigen Seife in kleine Formen.

- Zwei Gummi- oder Latexspatel zum Entfernen der Seifenreste aus dem Topf beim Einfüllen in große Formen.

- Alte Handtücher zum Abdecken der Seife während des Abkühl- und Reifungsprozesses (*siehe Seite 46*).

- Einen Quirl aus Edelstahl zum Mischen der Zutaten.

- Zwei Behältnisse für Wasserbäder: einen Eimer, eine große Schüssel oder ein Waschbecken zum Abkühlen der Laugen-Wasser-Mischung oder zum Erwärmen/Abkühlen von Ölen.

- Plastikfolie zum Vermeiden von Sodaaschebildung oder zum Auslegen der Formen, die sonst mit Öl ausgepinselt werden müßten.

- Sie können wahlweise auch Wachspapier zum Auslegen der Formen verwenden. Die überstehenden Ränder sollten Sie mit Klebestreifen außen an den Formen fixieren.

- Topflappen oder Topfhandschuhe.

- Einen Schwamm oder ein saugfähiges Tuch zum sofortigen Entfernen von Seifenspritzern auf der Arbeitsfläche.

- Verschiedene Gefäße aus Plastik oder festem Karton als Seifenformen (*siehe* Seite 43).

- Pflanzenöl zum Einfetten der Formen.

- Lauge (als Flocken, Kügelchen oder Granulat): 100%ige Natronlauge ist in Drogerien erhältlich.

- Destilliertes Wasser.

ACHTUNG: *Glas, Hartplastik, Edelstahl, ofenfeste Keramik oder Emaille eignen sich als Materialien für die Seifenherstellung, während Zinn, Aluminium, Teflon, Zink, Kupfer und Eisen beim Kontakt mit Laugen korrodieren können. Meiden Sie Werkzeuge aus Holz (Löffel, Spatel), da diese nicht leicht zu reinigen sind und splittern können. Reinigen Sie die gesamte Ausrüstung gründlich nach jedem Gebrauch.*

Seifenbestandteile und ihre Eigenschaften

Seife besteht seit jeher aus wenigen Zutaten: aus Fetten bzw. Ölen sowie aus Wasser und Lauge (Natronlauge). Sie kann jedoch durch allerlei Zusätze, wie Farbstoffe oder strukturgebende und hautpflegende Substanzen, eine individuelle Note erhalten.

Basisfette und -öle

Bevor Sie mit der Seifenherstellung beginnen, müssen Sie sich zunächst entscheiden, ob Sie als Basis tierisches Fett, pflanzliches Öl oder eine Mischung von beiden bevorzugen. Jeder Seifentyp hat seine eigenen Eigenschaften und Charakteristika. Die Wahl der Rohstoffe hängt sowohl von Ihrem persönlichen Geschmack als auch davon ab, welche Zutaten am einfachsten erhältlich sind und am ehesten Ihrem Budget entsprechen.

Seifen auf pflanzlicher Basis

Seife aus pflanzlichen Ölen ist weicher als solche aus tierischen Fetten, weshalb sie sich auch schneller verbraucht. Andererseits ist pflanzlichen Seifen in der Regel eine reichhaltigere Schaumbildung eigen. Ein Vorteil in der Verarbeitung pflanzlicher Öle gegenüber Fetten tierischen Ursprungs liegt darin, daß sie nicht erst ausgelassen werden müssen. Die meisten pflanzlichen Öle, die heute auf dem Markt sind, sind bereits gereinigt und gebrauchsfertig vorbereitet, allerdings häufig teurer als tierisches Fett.

Die Wahl eines Öls hängt nicht zuletzt davon ab, welche Ansprüche Sie an die Qualität und die Eigenschaften des Endproduktes stellen. Die meisten Hersteller pflanzlicher Seifen greifen auf ein Basisöl zurück, das problemlos erhältlich und relativ preisgünstig ist, z. B. Kokosöl oder Palmöl. Kostspieligere Öle wie Avocadoöl, Weizenkeimöl oder Aprikosenöl werden dem Basisöl häufig hinzugefügt, um es qualitativ aufzuwerten. Charakter und Qualität des Endproduktes hängen in großem Maße von der Art der Zusätze ab, die dem Basisöl beigemischt werden. Vergessen Sie bei Mischungen aber nicht, die Verseifungstabelle auf Seite 170 zu beachten, der Sie entnehmen können, wieviel Natronlauge für die jeweils von Ihnen gewählten Öle benötigt wird.

Basisöle und -fette pflanzlicher Herkunft

KOKOSÖL: Dieses aus dem Fruchtfleisch der Kokosnuß gewonnene Öl ist in den meisten Supermärkten, beim Bäcker und in Feinkostläden erhältlich. Es ist in der Regel klar und flüssig, kann aber bei kühlen Temperaturen eindicken und weißlich werden. Durch Erwärmen verflüssigt es sich jedoch schnell wieder. Seife aus Kokosöl ist fest und entwickelt einen feinen Schaum. Der Nachteil ist, daß sie auf die Haut leicht austrocknend wirkt, was durch Beigabe feuchtigkeitsbindender Öle jedoch abgemildert wird.

KAKAOBUTTER: Aus den Samen des Kakaobaumes wird dieses reichhaltige und hautpflegende Pflanzenfett gewonnen, das eine sehr cremige Seife ergibt. Sie erhalten Kakaobutter in Reformhäusern, Spezialgeschäften zur Süßigkeitenherstellung und in manchen Apotheken.

OLIVENÖL: Das Olivenöl ist als Feuchtigkeitsspender bekannt, der der Haut hilft, ihre natürliche Feuchtigkeit zu bewahren. Es gibt zahlreiche unterschiedliche Qualitäten von Olivenöl, die sich in Farbe, Aroma, Geschmack und Preis ausdrücken. Prinzipiell ist jedes Olivenöl zur Seifenherstellung geeignet. Solches, das der ersten Kaltpressung einer Ernte entstammt (Extra vergine), hat einen ausgeprägten Geruch und einen goldenen Farbton. Es verleiht der Seife eine gelbliche Farbe sowie einen intensiven Olivenduft, und der Verseifungsprozeß währt in der Regel länger als bei anderen Ölen. Olivenöl aus der letzten Pressung (auch als Olivintresteröl bekannt) ist hingegen praktisch geruchlos, erheblich preisgünstiger und schnell zu verseifen. Die Schaumbildung ist fein und nicht allzu ausgeprägt.

PALMÖL: Die Eigenschaften des aus der Ölpalme gewonnenen Öls ähneln denen von Talg. Palmöl ist sehr einfach zu verarbeiten, da es immer gleich auf die Laugen-Wasser-Mischung reagiert und daher gut zu verseifen ist (*siehe* Seite 34). Wie aus Talg läßt sich daraus eine feste und ergiebige Seife machen, die allerdings wenig schäumt. Palmöl, das in Feinkostläden erhältlich ist, wird darum häufig mit anderen Ölen kombiniert, die die Schaumentwicklung erhöhen.

PFLANZLICHES BACKFETT: Diese feste weiße Masse, die an Zuckerguß erinnert, besteht hauptsächlich aus Sojaöl. Sie sollte in Kombination mit anderen Ölen und Zutaten verwendet werden. Backfett verleiht der Seife vor allem Festigkeit und erhöht ihr Volumen.

Seife aus Fetten tierischer Herkunft

In der Vergangenheit wurde auch die selbstgemachte Seife fast immer unter Verwendung tierischer Fette hergestellt, da diese in ausreichender Menge vorhanden und preisgünstig waren. Ob Talg, Schmalz, Rinder- oder Nierenfett – irgendein Fettrest war in der Küche immer übrig und bot sich geradezu an, für die Seifenherstellung genutzt zu werden. Fleischreste, Schweineschwarten und aufgefangenes Tropffett wurden von einem Seifensieder im Tausch gegen Seife gesammelt, die er später lieferte. Er schmolz die Fettreste und reinigte sie für den Verseifungsprozeß.

Auch heute noch verwenden zahlreiche Seifenhersteller tierische Fette als Basis für ihre Seifenprodukte, wobei vor allem Talg eine wichtige Rolle spielt, da er preiswerter und einfacher zu verarbeiten ist als viele andere Fettsorten. Die meisten Seifen aus dem Sortiment der Supermärkte oder Drogerien basieren auf Talg, der mit natürlichen und synthetischen Zusätzen angereichert wurde, um die Konsistenz zu verfeinern und die Schaumentwicklung zu erhöhen.

Im allgemeinen sind auf der Basis tierischer Fette hergestellte Seifen härter und ergiebiger als pflanzliche Seifen, was sie ökonomischer im Verbrauch macht. Überzeugte Befürworter von Seifen aus tierischen Fetten schätzen sie zudem ihrer langen Tradition wegen und weil sie glauben, daß tierische Fette der Haut mehr Feuchtigkeit zuführen als Pflanzenöle. Tatsächlich ist nicht von der Hand zu weisen, daß bestimmte Pflanzenöle die Haut bei übermäßigem Gebrauch austrocknen können. Andererseits haben zahlreiche Studien ermittelt, daß hochgesättigte tierische Fette die Poren verstopfen und empfindliche Haut reizen können. Lassen Sie am besten Ihre Haut selbst entscheiden!

Ein weiterer Gesichtspunkt für die Wahl einer Seifenart ist die Schaumbildung; während der eine üppige, großporige Schaumbildung wünscht, bevorzugt der andere einen feinen, sahnigen Schaum. Talg, wie tierische Fette überhaupt, ergibt eine milde und gleichzeitig gut reinigende Seife, die jedoch nur eine vergleichsweise bescheidene Schaumentwicklung zeitigt. Darum fügen die meisten Seifenhersteller ein Pflanzenöl hinzu, um die Schaummenge zu erhöhen. Falls Sie besonderen Wert auf einen sahnigen und reichhaltigen Schaum legen, dann sind pflanzliche Seifen das richtige für Sie.

Basisfette tierischer Herkunft

RINDER- UND NIERENFETT: Diese preisgünstigen Fette erhalten Sie bei jedem Fleischer oder im Supermarkt. Der Unterschied zwischen beiden Sorten liegt darin, daß das Nierenfett (jene Fettschicht, die Rindsnieren umgibt) fester und sauberer ist als das herkömmliche Rinderfett. Beide Fette müssen jedoch vor dem Gebrauch einem Reinigungsprozeß unterzogen werden. Das Ergebnis ist bei beiden Sorten eine harte, aber milde Seife.

TALG: Das für die Seifenherstellung meistbenutzte Fett, da es am reinsten und am einfachsten zu handhaben ist. Um es jedoch gebrauchsfertig zu machen, muß es zunächst ausgelassen werden. Es wird in Stücke zerteilt, in einem großen Topf geschmolzen und anschließend mehrmals gefiltert, um alle Unreinheiten zu entfernen. Nach dem Abkühlen ist der Talg eine feste, weißliche und praktisch geruchlose Substanz. Das Auslassen des Fettes ist ein äußerst wichtiger Prozeß in der Seifenherstellung, da die Seife qualitativ um so hochwertiger wird, je reiner das Fett ist. Ist es nicht ausreichend gereinigt, kann die Seife streifig werden und sich verfärben oder sogar einen ranzigen Geruch annehmen.

SCHMALZ: Dem Talg sehr ähnlich, stammt jedoch vom Schwein. Er ist äußerst preisgünstig und in jedem Supermarkt erhältlich.

Sobald Sie sich für ein Basisfett und/oder -öl entschieden haben, können Sie weitere Zutaten – z. B. hautglättende oder pflegende Substanzen – auswählen, die Sie dem Basisfett/-öl hinzufügen. Denken Sie aber daran, daß jedes hinzugefügte Öl den Verseifungsprozeß beeinflußt, und prüfen Sie darum anhand der Verseifungstabelle auf Seite 170, ob die Zutatenverhältnisse stimmen.

Hautpflegende, feuchtigkeitsspendende & schützende Substanzen

Die hier vorgestellten Zusatzstoffe erhöhen die pflegenden und feuchtigkeitsspendenden Eigenschaften der Seife. Einige Öle, z. B. Jojoba- und Olivenöl, bilden eine Art Schutzschicht auf der Haut und verringern so den Feuchtigkeitsverlust. Andere, wie Avocado- oder Süßmandelöl, enthalten bestimmte Vitamine, Proteine und Aminosäuren, die einen heilenden und pflegenden Effekt auf die Haut haben.

ZUSATZ	MENGE	ZEITPUNKT DES ZUFÜGENS ZUR FETTGRUNDLAGE
Aloegel	1 EL	direkt vor dem Eingießen in die Form
Aprikosenkernöl	1 EL	direkt vor dem Eingießen in die Form
Avocadoöl	1 EL	direkt vor dem Eingießen in die Form
Honig	1 EL	direkt vor dem Eingießen in die (vorgewärmte) Form
Jojobaöl	1 EL	direkt vor dem Eingießen in die Form
Karitébutter (oder Sheabutter)	1 EL	(geschmolzen und abgekühlt) direkt vor dem Eingießen in die Form
Karottenöl	3/4 EL	vor dem Hinzufügen der Wassermischung
Kastoröl	1 EL	direkt vor dem Eingießen in die Form
Milch (Buttermilch, Ziegenmilch, Kuhmilch, Kokosmilch oder Sahne)	1/4 Tasse	direkt vor dem Eingießen in die Form
Milchpulver	1/8 Tasse	direkt vor dem Eingießen in die Form
Süßmandelöl	1 EL	direkt vor dem Eingießen in die Form
Weizenkeimöl	3/4 EL	vor dem Hinzufügen der Lauge-Wasser-Mischung

Die Tabelle bezieht sich auf eine Seifenmenge von 3 Pfund (1500 g).

Peelingzusätze

Diese Stoffe geben der Seife eine körnige Konsistenz. Sie verfeinern und glätten das Hautbild, indem sie die Oberflächenschicht der Haut abrubbeln und sie so von abgestorbenen Hautschuppen befreien. Die Zutaten sollten so fein gerieben sein, daß die Seife sich nicht rauh wie Sandpapier anfühlt und der Wasserabfluß in Dusche, Wanne oder Waschbecken nicht verstopft.

ZUSATZ	MENGE	ZEITPUNKT DES ZUFÜGENS ZUR FETTGRUNDLAGE
Alfalfamehl	$^1/_4$ Tasse	direkt vor dem Eingießen in die Form
feines Hafermehl	$^1/_4$ Tasse	direkt vor dem Eingießen in die Form
Kleie	$^1/_4$ Tasse	direkt vor dem Eingießen in die Form
Maismehl	$^1/_4$ Tasse	direkt vor dem Eingießen in die Form
gemahlene Mandeln	$^1/_4$ Tasse	direkt vor dem Eingießen in die Form
Seegras	$^1/_4$ Tasse	direkt vor dem Eingießen in die Form
Senfsamen	$^1/_4$ Tasse	direkt vor dem Eingießen in die Form
Tapiokagranulat	1 $^1/_2$ TL	direkt vor dem Eingießen in die Form

Wachse

Wachse werden der Seife in erster Linie hinzugefügt, um sie zu verfestigen und besser aushärten zu lassen. Das vielverwendete Bienenwachs bietet den zusätzlichen Vorteil, daß es der Seife einen angenehmen Honigduft verleiht.

ZUSATZ	MENGE	ZEITPUNKT DES ZUFÜGENS ZUR FETTGRUNDLAGE
Bienenwachs	1/4 Tasse	aufgelöst in der Öl-Fettgrundlage vor dem Hinzufügen der Lauge-Wasser-Mischung
Lanolin	3 EL	vor dem Hinzufügen der Lauge-Wasser-Mischung
Lezithin	2 1/2 EL	vor dem Hinzufügen der Lauge-Wasser-Mischung

W ie jede Aktivität, für die man etwas Organisationstalent und Kreativität benötigt, erfordert das Herstellen von Seife Konzentration und eine gute Zeitplanung. Wenn Sie ein paar Grundregeln beachten, ist die Seifenherstellung problemlos, macht viel Spaß und zeitigt erstaunliche und erfreuliche Ergebnisse.

Sicherheitsmaßnahmen und -tips

Das erste, was Sie brauchen, nachdem Sie sich Ihr Handwerkszeug und die Zutaten zusammengestellt haben, ist ein geeigneter Arbeitsplatz. Wegen der leicht ätzenden Dämpfe sollte er gut belüftet sein (ein Platz an der frischen Luft ist ideal) und sich ein wenig abseits vom normalen Haushaltsgeschehen — vor allem von Kindern und Haustieren — befinden. Die Arbeitsfläche und ihre Umgebung kann man zum Schutz mit Zeitungspapier oder Pappe abdecken.

Als nächstes sollten Sie für die richtige Bekleidung sorgen. Die Faustregel ist, den Körper weitestgehend zu bedecken, so daß es möglichst nicht zu Hautkontakt mit der Lauge kommen kann. Mit anderen Worten: Shorts, ein sexy Sonnentop und Sandalen wären ein denkbar abwegiges Outfit. Statt dessen eignen sich ein langärmeliges Hemd, eine alte Jogginghose und ein Paar feste Schuhe bestens.

Ein Schutz für die Augen – eine normale Brille oder eine spezielle Schutzbrille – ist wegen der Laugendämpfe unabdingbar. Handschuhe schützen die Hände vor der Lauge und vor Verbrennungen. Brille und Handschuhe sollten Sie unbedingt die ganze Zeit über anbehalten, auch wenn die Seife bereits fest geworden ist (z. B. beim Herausholen aus den Formen), da die Natronlauge bis zum endgültigen Abschluß des Reifeprozesses ätzen kann (*siehe* Seite 49). Eine Einweg-Atemmaske ist überaus empfehlenswert, um sich vor den Dämpfen zu schützen. Legen Sie sicherheitshalber Ihren Schmuck ab; die Lauge kann zur Korrosion von Metallen führen.

Beim Umgang mit den Zutaten ist große Umsicht erforderlich, Sie sollten die Hinweise auf den Packungsbeilagen genau lesen. Die Verpackung der Natronlauge sollte nur zum Entnehmen der Lauge geöffnet und sofort wieder verschlossen werden. Natronlauge wird bei Kontakt mit Sauerstoff leicht klumpig und verliert an Wirkungskraft. Außerdem vermeidet man auf diese Weise Flecken und verringert das Austreten von Dämpfen. Sehr nützlich ist es, eine Flasche Essig oder etwas Zitronensaft griffbereit zu haben, falls Ihre Haut in Kontakt mit Lauge oder flüssiger Seife kommt. Die Essig- bzw. Zitronensäure neutralisiert die ätzende Wirkung und stellt den natürlichen pH-Wert der Haut wieder her. Tragen Sie den Essig oder Zitronensaft auf die verätzte Stelle auf (Lauge fühlt sich auf der Haut zunächst schleimig an und beginnt dann zu jucken und zu brennen), spülen Sie dann alles mit viel Wasser ab und tupfen Sie die Stelle vorsichtig trocken. Falls Lauge auf die Arbeitsfläche kommt, wischen Sie sie sofort mit Seifenwasser ab, spülen gut nach und reiben die Stelle trocken. Zum Entsorgen von Lauge beachten Sie die Gebrauchsanweisung. Vergessen Sie nicht, das Gefäß, in dem Sie Lauge und Wasser mischen und das Sie auch nur für diesen Zweck benutzen sollten, zu beschriften.

Es empfiehlt sich, die Zutaten und deren genaue Mengen beim Arbeiten zu notieren, so daß Sie den Herstellungsprozeß einer Seife exakt nachvollziehen können. Auf diese Weise können Sie möglicherweise auch einen Fehler rückgängig machen.

Schließlich sollten Sie NIEMALS von der noch nicht fertigen Seife, so gut sie auch riecht oder aussieht, kosten und sie nicht mit der bloßen Hand berühren.

Es gibt drei Hauptmethoden, um Seife herzustellen: die Kaltrühr-Methode, das Reiben fertiger Seife und das Schmelzen, hier auch als Jell-O™-Methode bezeichnet. Entscheidend für die Wahl der Methode ist vor allem die Zeit, die Ihnen zur Verfügung steht, und die Frage, wie schnell die Seife fertig sein soll.

Die drei Seifenherstellungsmethoden

KALTRÜHR-METHODE:

Diese Methode entspricht am ehesten der traditionellen Seifenherstellung und ist durch den sogenannten Verseifungsprozeß gekennzeichnet. Hierbei handelt es sich um eine chemische Reaktion zwischen einer Säure (tierisches Fett oder Öl) und einer basischen Substanz (Natronlauge und Wasser). Säure und Base verbinden sich zu einer zähen Flüssigkeit, der flüssigen Seife. Sie wird in Formen gegossen und durchläuft dann einen Reifungsprozeß. Diese Art der Seifenherstellung heißt Kaltrühr-Methode, weil nach der Verbindung von Säure und Lauge keine weitere Erhitzung der Masse zu erfolgen braucht, die nun alleine weiterreagiert.

Die Kaltrühr-Methode ist die zeitintensivste der drei Herstellungsarten, da man den kompletten Prozeß von der Zusammenstellung der einzelnen Zutaten bis zum fertigen Seifenstück durchlaufen muß. Wer es ganz ernst meint, bereitet sogar den Talg selbst zu, indem er das Rinderfett ausläßt und von Unreinheiten befreit.

REIBE-METHODE:

Handgeriebene Seifen werden aus Seifenraspeln gemacht, die geschmolzen und neu geformt werden. Dieser Prozeß macht die Seife härter, glatter und ergiebiger als die kaltgerührte. Wer über wenig Zeit verfügt und schnelle Ergebnisse sehen will, sammelt einfach Reste vorhandener Seifen, reibt sie und formt sie nach eigenen Vorstellungen. Auf diese Weise nutzt man auch noch die letzten Seifenreste. Allerdings versäumen Sie bei dieser Methode das erhebende Gefühl, beobachten zu können, wie sich die Lauge, das Wasser und die Fette in ein Stück Seife verwandeln.

SCHMELZEN *ODER* DIE JELL-O™-METHODE:

Bei dieser schnellsten und einfachsten Methode der Seifenherstellung wird lediglich Glycerin geschmolzen und in Formen gegossen. Diese Methode besticht durch ihre kreativen Möglichkeiten des Experimentierens. Denn die Zeit, die man an der Herstellung spart, kann man nutzen, um sich ganz den persönlichen Gestaltungsideen zu widmen. So können Sie allerlei Krimskrams in die noch flüssige durchsichtige Seifenmasse eintauchen, nachdem Sie sie in die Formen gegossen haben — von kleinem Plastikspielzeug (Puppenschuhe!) über Spruchzettelchen aus chinesischen Glückskeksen bis hin zu Kaffeebohnen — ganz nach Lust und Laune.

Von besonderer Bedeutung bei der Seifenherstellung, vor allem bei der Kaltrühr-Methode, ist die ständige Kontrolle der Temperatur; dazu benötigt man ein zuverlässiges Kochthermometer. Bei mangelnder Genauigkeit in der Temperaturbestimmung wird die Qualität Ihrer Seife leiden.

Um die erforderliche chemische Reaktion zwischen Säure und Base zu erreichen, müssen die Fette und Öle sowie die Laugenlösung beim Mischen eine bestimmte Temperatur haben, von der man nicht mehr als einige wenige Grade abweichen sollte. Die ideale Temperatur liegt je nach Fett- oder Ölsorte zwischen 35 und 40 °C. Bedenken Sie dabei, daß die Fette sich langsamer erhitzen als die Lauge-Wasser-Lösung. Zwar brauchen Natronlauge und Wasser einige Zeit, um sich zu verbinden, aber sie benötigen nur wenige Minuten, um eine Temperatur um die 100 °C zu erreichen! Fette und Öle hingegen brauchen deutlich länger, vor allem, wenn erstere zunächst schmelzen müssen, ehe sie erhitzt werden können. Man sollte darum die Laugenmischung zunächst abkühlen lassen und erst unmittelbar, bevor sie zu dem Fett gegeben wird, im Wasserbad erhitzen.

Beim Messen der Temperaturen der verschiedenen Mixturen sollte man auf folgendes achten: Bei den Fetten und Ölen (die erhitzt werden), muß die Mischung gut umgerührt werden, um eine gleichmäßige Temperatur zu erzielen. Das Thermometer sollte am Rand des Behälters und nicht in Bodennähe hängen, damit das Ergebnis nicht durch die Hitzequelle verfälscht wird. Die Temperaturbestimmung der Laugenmischung ist einfacher, da deren eigene Wärme sich gleichmäßig verteilt.

Sie werden sich aber die nötige Erfahrung im Umgang mit den einzelnen Zutaten gewiß sehr schnell aneignen.

Um bestimmte Temperaturen zu erreichen, sind kalte und warme Wasserbäder sehr hilfreich. Sind etwa die Fette/Öle zu heiß für die Laugenmischung, kann man sie im kalten Wasserbad problemlos auf die gewünschte Temperatur bringen. Ebenso läßt sich natürlich auch die Laugenmischung abkühlen.

Für ein kaltes Wasserbad füllen Sie eine große Schüssel oder einen Eimer zur Hälfte mit kaltem Wasser und stellen das Gefäß mit dem Fett/Öl- oder Laugengemisch hinein, ohne daß Wasser in die Mischung gerät. Nun kontrollieren Sie mit Hilfe des Thermometers die Temperaturentwicklung. Beim Abkühlen von Fetten sollte man daran denken, daß sich deren Oberfläche bei zu kaltem Wasser rasch verfestigt, was sich durch ständiges Umrühren verhindern läßt.

Das gleiche Verfahren taugt selbstverständlich auch für die Erwärmung von Mixturen.

Wenn Sie erst etwas Erfahrung bei der Seifenherstellung gesammelt haben, werden diese Wasserbäder überflüssig, aber für den Anfänger stellen sie ein überaus nützliches Hilfsmittel dar.

Der Verseifungsprozeß

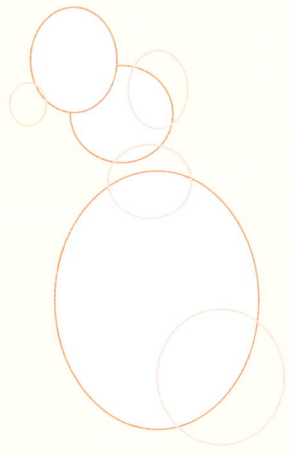

Der Fachterminus »Verseifung« bezeichnet die chemische Reaktion einer Lauge mit Fett oder Öl, durch die das Endprodukt Seife entsteht. Das beste daran ist, daß dieser chemische Vorgang selbständig abläuft und Sie ihn in Ruhe beobachten können.

Bei der Verseifung reagiert eine Säure mit einer Base bzw. ein Fett mit einer alkalischen Substanz. Dabei entstehen Wärme, Seife und Glyzerin.

Beim Mischen von Säure und Base sollten Sie nichts verschütten – verwenden Sie darum unbedingt Gefäße mit einer Gießtülle. Die Laugenmischung sollte vorsichtig und unter ständigem Umrühren zu den Fetten gegeben werden. Hierbei ist aber wesentlich, daß die erfolgreiche Verseifung vom richtigen Säure-Basen-Verhältnis abhängt, das je nach Zutaten variiert. Jedes Fett oder Öl benötigt zur Verseifung eine spezielle Menge an Lauge. Mit Hilfe einer sogenannten Verseifungstabelle läßt sich ermitteln, wieviel Lauge jeweils erforderlich ist, um die Verseifung einzuleiten, selbst wenn die Zutaten eines Rezeptes verändert werden (*siehe* Seite 170).

Verdickung

D er Verdickungsprozeß setzt in dem Moment ein, wenn die flüssige Seife beginnt, anzudicken und milchig zu werden. Die Konsistenz läßt sich prüfen, indem man die Seife von einem Löffel laufen läßt: Man sollte mit ihr wie mit flüssigem Zuckerguß Muster und Linien ziehen können. Das Verdicken zeigt an, daß die Substanzen sich durch den Verseifungsprozeß zu einer homogenen Masse vereinigt haben. Die flüssige Seife hat in etwa die Konsistenz eines wässerig-breiigen Kartoffelmuses oder einer sämigen Suppe. Man könnte den Moment der Verseifung mit dem Augenblick vergleichen, in dem geschlagenes Eiweiß zu Eischnee wird.

   Das Verdicken kann je nach Zutaten zwischen 15 Minuten und anderthalb bis zwei Stunden dauern, wobei Seifen auf tierischer Fettgrundlage in der Regel schneller verdicken als solche auf pflanzlicher Basis. Ein wenig Geduld ist also notwendig.

   Durch gründliches Rühren läßt sich der Prozeß der Verseifung unterstützen; es hilft, die Zutaten zu einer einheitlichen Masse zu mischen. Das Rühren sollte jedoch nicht übertrieben werden, da sich sonst Luftbläschen in der flüssigen Seife bilden. Wenn Sie allerdings eine Seife wünschen, die auf der Wasseroberfläche schwimmt, können Sie in diesem Stadium jede Menge Luftbläschen hineinarbeiten. Einen elektrischen Mixer sollten Sie dabei aber nur auf der niedrigsten Stufe benutzen.

Mit bestimmten Zusätzen können Sie Ihrer Seife eine ganz persönliche Note verleihen. Die Möglichkeiten hierzu sind nahezu unbegrenzt, Sie können bei der Wahl der Zutaten Ihrer Phantasie freien Lauf lassen: Von ätherischen Ölen, Honig, Kräutern bis hin zu getrockneten Früchten gibt es keine Tabus. Denken Sie nur daran, die Zusätze so weit zu zerkleinern, daß sie nicht den Abfluß verstopfen. Große Zutatenbrocken oder Klümpchen machen die Seife außerdem wenig handfreundlich.

Wir halten fest: Der Verdickungsprozeß ist nun abgeschlossen, die Seife ist immer noch warm. Auch die Zusätze sollten warm genug sein, um einen Temperaturschock zu vermeiden, wenn sie der Seife beigemischt werden. Sie müssen aber nicht eigens erwärmt werden, es reicht, sie rechtzeitig auf Zimmertemperatur zu bringen.

Nun müssen Sie sich für einen Zusatz entscheiden. Im folgenden finden Sie einige Vorschläge – zur Anregung Ihrer eigenen Phantasie!

HEILENDE ZUSÄTZE:

Ätherische Öle verfügen als reine Extrakte aus Pflanzen, Rinde, Blüten oder Gräsern über eine spezifisch heilende Wirkung. Die äußerst flüchtigen Öle können der flüssigen Seife einzeln oder als Kombination aus mehreren zugegeben werden. Da sie hochkonzentriert sind, genügt eine sehr kleine Menge, in der Regel ein bis drei Eßlöffel pro Seifenrezept (*siehe* Seite 162).

DUFTAROMEN:

Duftöle sind synthetische Mischungen auf Alkoholbasis. Sie erfordern ein wenig Geschick in der Anwendung, da sie den Verdickungsprozeß beschleunigen und damit zu einem frühzeitigen Härten der Seife führen können. Die Seife muß darum nach der Zugabe des Duftöls sogleich in die Formen gefüllt werden. Einige Duftöle können die Verseifung sogar ganz verhindern. Sie sollten sie stets an einer kleinen Menge Seife testen, ehe Sie sie für die Gesamtmenge einsetzen.

FARBSTOFFE:

Seife kann man sowohl mit natürlichen als auch mit synthetischen Stoffen färben. Fachgeschäfte für Seifenherstellung bieten zahlreiche synthetische Farbtöne an. Man kann dazu auch geschmolzene Wachsmalkreiden verwenden, die man zu der flüssigen Seife gibt. Ein Stück Wachsmalkreide ist dabei ausreichend für ein ganzes Seifenrezept.

Zu bevorzugen ist die traditionellere Färbung mit Farbstoffen aus der Natur, die der Seife eine zartere und natürlichere Tönung verleihen. Etwa ein Eßlöffel der fein gemahlenen Natursubstanzen reicht für ein Seifenrezept vollkommen aus. Die Zutaten sollten sehr fein gerieben oder gesiebt sein. Außerdem sollte man daran denken, daß die Farbe bei der gehärteten Seife heller wirkt. Auf den folgenden Seiten werden einige Farbbeispiele vorgestellt.

- Currypulver

- Zimtpulver

- Kaffeepulver

- Paprikapulver

- Wachsmal-
  kreide

GEWÜNSCHTE FARBE ODER FARBTON	ZUSATZ
grün	• flüssiges grünes Chlorophyll
	• flüssiger Spinat (Babynahrung)
orange	• passierte Karotten (Babynahrung)
pfirsich	Paprika
goldgelb	Currypulver
	Kurkuma
dunkelorange	• gemahlenes Henna
braun	• Kakaopulver
	• gemahlene Schokolade
	• feingemahlener Kaffee
beige	Zimtpulver
	Muskatpulver
pink-orange	• Cayennepfeffer
rötlich-pink	weichgekochte, passierte rote Bete
	konzentrierter Rote-Bete-Saft

KONSISTENZ DER ZUSÄTZE:

Da Sie weder mit den Seifenzusätzen den Abfluß verstopfen noch beim Händewaschen das Gefühl haben möchten, Sie wüschen sich mit einer Müslimischung, sollte alles, was Sie der Seife hinzufügen, vorher gut zerkleinert werden.

EIN PAAR VORSCHLÄGE

• Feingehackte oder geriebene Trockenfrüchte, geriebene Zitronenschale, frische oder getrocknete Blütenblätter, Nüsse oder Gemüse geben der Seife mehr Festigkeit und Charakter. Färbende Gewürze und Kräuter verleihen ihr eine interessante Tönung.

Zusätze für ein Hautpeeling:

• Ton, gemahlene Weizenkeime, grobes Hafermehl, Maisstärke, frische oder getrocknete Algen, Tapiokagranulat.

Hautpflegende Substanzen:

• Milch (Kuh- oder Ziegenmilch), Sahne, Honig, Vitamin E oder Lanolin.

SEIFENFORMEN

Es gibt zwei Arten von Seifenformen: herkömmliche und solche, die eigentlich für ganz andere Zwecke gemacht wurden, sich aber dennoch bestens zur Seifenformung eignen.

FORMEN:

Für eine perfekt und professionell wirkende Seife bieten sich traditionelle Formen an, die in Fachgeschäften für Seifenherstellung angeboten werden. Sie finden jedoch eine ausgezeichnete Auswahl an Kuchen- und Ausstechformen im Supermarkt oder in Haushaltswarenläden. Beachten Sie bei der Wahl der Form nur, daß sie nicht zu klein und schmal ist.

Die Formen sollten auf keinen Fall aus Aluminium, Zink, Kupfer, Teflon oder Eisen bestehen, da diese Materialien bei Kontakt mit Lauge korrodieren können. Die Korrosion mindert zwar nicht zwangsläufig die Qualität der Seife, aber sie schadet in jedem Fall der Gebrauchsfähigkeit der Form. Ideale Materialien dagegen sind Keramik, rostfreier Stahl, Plastik, Gummi, ofenfest gebrannter Ton, Porzellan oder Glas. Ob Sie nun Soufflé- oder Schokoladenformen wählen, wichtig ist, daß sie genügend hitzebeständig für die Seifenflüssigkeit sind. Als Faustregel gilt: Ist eine Form für heißen Kartoffelbrei geeignet, dann ist sie es auch für die Seife.

Stellen Sie sich die Formen griffbereit hin, so daß Sie die warme, flüssige Seife ohne Verzögerung hineingießen können.

Damit die Seife später nicht an der Form haften bleibt, muß diese mit Pflanzenöl eingefettet werden. Sie können sie natürlich auch mit Plastikfolie oder Wachspapier auslegen. Außerdem sollten die Formen wenigstens Zimmertemperatur haben, damit sich beim Füllen kein Temperaturschock einstellt.

Nachdem Sie die Seifenflüssigkeit in die Form gegeben haben, bedecken Sie sie mit Plastikfolie. Auf diese Weise gelangt wenig Sauerstoff an die Seife, was der Bildung sogenannter »Sodaasche« entgegengewirkt (*siehe* Seite 100).

SEIFENFORMEN — MAL GANZ ANDERS

Lassen Sie Ihrer Kreativität freien Lauf! Oft erweisen sich eher ungewöhnliche Formen als besonders brauchbar. Falls sie aus flexiblem Material bestehen oder zum einmaligen Gebrauch geeignet sind, wird das Entfernen der Seife zum Kinderspiel. Man schält sie einfach heraus oder zerschneidet die Form. Aber auch hier sollten Sie darauf achten, daß das Material hitzebeständig ist.

Ob nun aus Plastik, Gummi oder Keramik – die Form muß, ebenso wie die traditionellen Seifenformen, eingefettet werden, damit die Seife nicht haften bleibt.

Haben Sie eine Form aus Pappe oder Holz gewählt, kleiden Sie sie sorgfältig mit Folie aus; es sollten sich keine Luftlöcher zwischen Folie und Form bilden können. Auch Wachspapier ist für diesen Zweck geeignet, muß jedoch mit Klebestreifen am Außenrand der Form fixiert werden. Das Herauslösen der Seife ist hierbei überhaupt kein Problem mehr: Sie ziehen sie einfach mit der Folie aus der Form.

Beispiele für unkonventionelle Formen:

- *Eiswürfelbehälter aus Plastik*
- *Schuhkartons*
- *Holzkästen*
- *Pappkartons*
- *Schubladeneinsätze für Geschirr aus Plastik*
- *Plastikdosen*
- *Milchkartons*
- *Thunfisch- oder Sardinenbüchsen (wenn innen mit Kunststoff beschichtet)*
- *Formen für Jell-O™-Masse*
- *Sandförmchen aus Plastik*
- *Plastikostereier (aus zwei Hälften)*
- *Blumentöpfe aus Ton oder Kunststoff*
- *Schläuche aus PVC (für Seifenstücke in Form von Hockeypucks)*

Nachdem Sie die flüssige Seife in die Formen gegossen haben, müssen Sie sie mit Plastikfolie abdecken, damit die Seifenlauge möglichst wenig mit Sauerstoff reagieren kann. Die Folie sollte stramm auf der Seifenoberfläche aufliegen. Falls Sie Plastikdosen mit Deckel benutzen, decken Sie zunächst die Folie über die Seife und schließen erst dann den Deckel. Statt mit Plastikfolie kann die Form auch mit einem genügend großen Holzbrett oder schwerer Pappe zugedeckt werden. Abschließend breiten Sie noch ein Handtuch oder eine Decke darüber.

Nun kann die Seife in Ruhe reifen – sie kühlt langsam ab, und der Verseifungsprozeß wird vollendet. Wenn die Seife zu schnell abkühlt, kann sie brüchig werden (*siehe* Seite 100). Während der Abkühlphase – je nach Zutaten 16 bis 24 Stunden lang – heißt es, Geduld zu bewahren. Falls Sie dennoch eine Tastprobe machen wollen (wovon abzuraten ist), sollten Sie zumindest Gummihandschuhe tragen, da der Verseifungsprozeß noch nicht abgeschlossen und die Lauge immer noch ätzend ist.

Wenn die Seife abgekühlt ist, werden die Formen aufgedeckt und 3 bis 6 Tage an einen kühlen, vor Zug geschützten Ort gestellt. Da jede Seife unterschiedlich schnell hart wird (Seife mit Bienenwachsanteil härtet relativ schnell), können Sie den Härtegrad ruhig zwischendurch überprüfen – aber nie ohne Gummihandschuhe!

Ist die Seife schließlich schnittfest, kann sie aus der Form gelöst werden. Sie sollte nicht zu hart sein, damit man sie noch einigermaßen bequem schneiden kann. Falls die Seife oberflächlich flüssig und ölig sein sollte, haben sich die Bestandteile möglicherweise wieder getrennt (*siehe* Seite 100).

Aus Einzelformen sollte die Seife sich, ähnlich wie Gebäck oder Speiseeis, mit etwas Nachdruck herauslösen lassen. Ist sie hart genug, wird sie auch ein wenig Gewalt überstehen. Falls sie sich dennoch nicht löst (oft bei porösem Material wie Ton oder Steingut), stellen Sie die Form für etwa eine halbe Stunde in den Kühlschrank, wo sie zu »schwitzen« beginnt und sich bald problemlos ablösen läßt.

Bei größeren Formen – wie einem Schuhkarton oder einer Pappschachtel – läßt sich der Seifenblock in einzelne Portionen zerschneiden. Am einfachsten ist es, wenn der Karton dabei nicht heil zu bleiben braucht. Die Seife wird dann einfach mitsamt der Pappe in Stücke geschnitten, die Pappreste entfernen Sie anschließend.

Reif zum Zerschneiden ist die Seife, wenn sie etwa so hart wie Schweizer Käse ist. Bei zu langem Reifen wird sie zu hart zum Schneiden, während sie bei zu kurzer Lagerzeit noch nicht schnittfest ist. Nach einigem Experimentieren und mit etwas Erfahrung werden Sie schnell die optimale Reifezeit ermitteln.

Schneiden Sie die Seife entlang einem Lineal oder einer Schablone mit einem sehr scharfen Messer. Unebenheiten sollten Sie glätten, um der Seife ihre endgültige Form zu geben.

Häufig bildet sich während der Reifephase eine dünne weiße, kreidige Schicht auf der Seifenoberfläche, die sogenannte »Sodaasche«. Es handelt sich dabei um ein harmloses Nebenprodukt, das durch die Reaktion der Seife mit Sauerstoff entsteht. Es kann mit Hilfe eines feuchten Tuches (Gummihandschuhe!) entfernt, unter fließendem Wasser abgespült und anschließend trockengetupft oder mit einem scharfen Messer abgekratzt werden (*siehe* auch Seite 100). Sobald die Seife geschnitten und gesäubert ist, legen Sie die einzelnen Stücke auf eine Schicht Wachs- oder Packpapier bzw. auf ein Kuchengitter (immer noch mit Gummihandschuhen!).

Lagern Sie sie nun wieder an einem dunklen, trockenen und zugfreien Ort mit möglichst konstanter Temperatur. Jetzt beginnt die zweite Phase der Reifung, während der sich der pH-Wert der Seife stabilisiert. In diesen 3 bis 4 Wochen gewinnt die Seife ihre endgültige Härte und verliert zugleich ihre ätzende Schärfe. Nach etwa 10 bis 14 Tagen sollte die Seife gewendet werden, damit beide Seiten gleichmäßig der Luft ausgesetzt sind.

Gratulation! Sie haben soeben Ihr erstes eigenes Stück Seife fertiggestellt!

Im Vergleich zur Kaltrühr-Methode ist das Herstellen von Seife aus Abrieb ein wahres Kinderspiel. Die Methode umfaßt drei einfache Schritte: Fertige Seife oder Seifenreste reiben, schmelzen und formen. Das ist alles!

Handgeriebene Seifen haben den Vorteil, daß sie härter und ergiebiger sind als die im Kaltrühr-Verfahren hergestellten. Diese Methode gestattet zudem einen rascheren Einstieg in die kreative Phase der Seifenherstellung, da die geriebene Seife den Verseifungsprozeß und die Reifung bereits hinter sich hat. Darum können Sie der geriebenen Seife ohne jegliche Bedenken Zusätze Ihrer Wahl (ätherische Öle, Milch, Honig, Hafermehl, Farbstoffe, Tee, Gewürze, Früchte etc.) hinzufügen, denn eine Beeinträchtigung der Lauge oder des Verseifens kann ausgeschlossen werden. Begriffe wie Verdickung, Trennung, Gerinnung oder Reifeprozeß spielen beim Reibeverfahren keine Rolle.

Ein weiterer Vorteil ist, daß man ein mißglücktes kaltgerührtes Stück Seife einfach erneut reiben, schmelzen, formen und mit einer neuen »Identität« versehen kann.

Selbstverständlich ist diese Methode auch ideal, um Seifenreste sinnvoll zu nutzen. Es lohnt sich also, all diese Reste fleißig zu sammeln!

Das Reibe-Verfahren ist denkbar einfach: Außer einer Käsereibe (oder Küchenmaschine) und einem Wasserbadtopf braucht man nur sehr wenig Handwerkszeug. Für jedes Pfund geriebene Seife benötigt man ca. 350 ml Flüssigkeit (Milch, Tee oder Wasser).

Zunächst wird die Form ebenso wie für die kaltgerührte Seife vorbereitet, indem man sie einfettet.

Dann wird die Flüssigkeit (Milch, Buttermilch, Wasser-Honig-Mischung, Kräutertee, Wasser, gefärbtes Wasser) auf ca. 80 °C erwärmt. Die geriebene Seife wird nun bei mäßiger Hitze unter regelmäßigem – nicht ständigem – Umrühren zugefügt. Hat sich die Seife komplett aufgelöst, werden die gewünschten Zusätze (Hafermehl, Gewürze, Kräuter, Blüten, Maisstärke, Ton, Kaffee, Algen, Lanolin, Kakaobutter, ätherische Öle, Duftöle etc.) in die Masse eingerührt. Die Flüssigkeit wird anschließend direkt in die vorbereiteten Formen gegossen und mit Plastikfolie abgedeckt. Nach 24 Stunden wird die Folie entfernt. Dann lagert man die Formen für 3 bis 4 Wochen an einem vor Zugluft geschützten trockenen Ort.

Denken Sie daran, daß die Zusätze, die Sie der flüssigen Seifenmasse hinzufügen, die Konsistenz der fertigen Seife beeinflussen. Ansonsten haben Sie bei der Wahl der Zutaten jede kreative Freiheit. In der Regel werden ca. 15 ml ätherisches Öl oder Duftöl bzw. $^1/_2$ Tasse getrocknete Zutaten auf 500 g geriebene Seife gerechnet.

Schmelzen: Die Jell-O™-Methode

Bei diesem Verfahren fühlt man sich bereits nach dem ersten Versuch als ein absoluter Profi. Es besteht aus lediglich zwei Schritten: dem Schmelzen eines Stück Glyzerins und dem Gießen der Flüssigkeit in eine Form.

Mehrere Argumente sprechen für diese Art der Seifenherstellung. Da man es mit Glyzerin und nicht mit einer ätzenden Lauge oder Laugenmischung zu tun hat, fallen alle Sicherheitsregeln der Kaltrühr-Methode fort. Auch der Wahl der Formen sind keinerlei Grenzen gesetzt (vorausgesetzt, sie sind hitzebeständig), da die Gefahr der Korrosion entfällt. Außerdem erfordert diese Methode sehr wenig Zeit und liefert sehr schnelle Erfolgserlebnisse, ohne daß man sich mit komplizierten und langwierigen Prozessen auseinandersetzen muß. Wie gesagt: Man muß nichts weiter tun als das Glyzerin schmelzen, es in Formen gießen und abwarten, bis es hart genug geworden ist, um es aus der Form zu lösen. Zu guter Letzt eröffnet die Transparenz des Glyzerins zahllose Möglichkeiten der individuellen Seifengestaltung.

Wie auch bei den anderen Methoden müssen die Formen eingefettet werden. Nun wird der Glyzerinblock in Stücke gebrochen, die im Wasserbad aufgelöst werden. Dann nimmt man den Topf von der Kochstelle, um die ausgewählten Zusätze beizufügen: Blütenblätter, Farbstoffe, ätherische Öle oder Duftöle (etwa 15 ml pro 500 g Glyzerin), Kräuter, Gewürze, Kokosflocken, geriebene Zitronenschale, Glitzerpartikel etc. Anschließend wird die Masse in die Formen gefüllt und etwa 24 Stunden (bis die Seife ausgehärtet ist) an einen vor Zugluft geschützten, trockenen Ort gestellt, bevor sie vorsichtig herausgelöst wird.

Das Dekorieren der Seife bereitet ebenso viel Freude wie die Herstellung. Sie können damit Ihrer Seife einen sehr persönlichen Charakter verleihen und Ihre Phantasie spielen lassen.

Verborgene Schätze

Ihre Dekorationsideen lassen sich in verschiedenen Stadien der Seifenherstellung umsetzen. So können beim Einfüllen der Seife in die Formen kleine Figuren, Glücksbringer oder auch Zettel mit Botschaften und Sprüchen hinzugegeben werden. Dazu wird die Form zunächst nur halb gefüllt. Dann wird der »Schatz« in die Mitte der Seife gelegt und der Rest der flüssigen Seife darübergegossen. Figuren können auch mit einem Messer, Glasstab oder Eßstäbchen in die Seife gedrückt werden – nur darf die Form auch in diesem Fall nicht bis zum Rand voll sein, damit sie nicht überläuft. Diese Dekoration eignet sich besonders für die Jell-O™-Methode, da in der transparenten Glyzerinseife alle eingeschlossenen Dinge gut zur Geltung kommen:

· *Zettelchen aus chinesischen Glückskeksen*
· *Puppenutensilien aus Plastik*
· *kleine Plastikfiguren oder -tiere*
· *Kaffeebohnen*
· *ganze getrocknete Blüten*
· *ein vierblättriges Kleeblatt*
· *Stücke einer Zimtstange*
· *Trockenfrüchte oder Nüsse*
· *Glücksbringer*
· *Perlen*

Auch die Oberfläche der Seife kann äußerst wirkungsvoll dekoriert werden, vor allem durch Prägung. Dazu darf die Seife noch nicht ausgehärtet sein, ebensowenig aber zu flüssig. Sie werden sehr bald ein Gefühl für den richtigen Zeitpunkt bekommen.

Zum Prägen drücken Sie beispielsweise Muster mit Keksmodeln oder Siegelwachsstempeln in die Seife ein. Diese Gegenstände müssen jedoch zuvor gut eingefettet werden, damit sie einen sauberen Eindruck hinterlassen und nicht haften bleiben.

Sie können auch ganze Dekorationsobjekte in der Seifenoberfläche verankern (z. B. eine Mandel, eine Vanilleschote oder ein kleines Stück Schokolade).

Und Sie können sogar ganze Bilder (oder Texte) auf die fertige Seife aufbringen. Sie brauchen dazu nur etwas Paraffinwachs und Mineralöl:

Schmelzen Sie zunächst das Paraffinwachs (oder ein Stück Wachsmalkreide) in einem kleinen Topf.

Dann legen Sie das gewünschte ausgeschnittene Bild (aus Zeitschriften, Katalogen, von Postkarten etc.) auf die Oberfläche der Seife und streichen mit einem Pinsel das geschmolzene Paraffin darüber. Sobald das Wachs ausgehärtet ist, reiben Sie mit etwas Mineralöl vorsichtig so viel davon ab, daß das Bild gut erkennbar wird — eine originelle Geschenkidee, auch wenn sich das Bild bei Gebrauch der Seife allmählich abwäscht.

Seifenbälle

Seifenbälle sind so leicht zu machen wie Schneebälle! Die Seifenmasse wird, sobald sie ein wenig abgekühlt, aber immer noch warm ist, (mit Handschuhen) portionsweise zwischen den Handflächen zu Kugeln gerollt. Für einen besonders echten Schneeballeffekt können Sie die Kugeln anschließend in weißen geraspelten Seifenflocken oder in feingemahlenem Hafermehl, in Lavendelblüten, Krümeln aus getrockneten Rosenblättern oder Gewürzen wälzen.

Für das Verpacken von Seifen gibt es keine festen Regeln außer einer: atmungsfähige Verpackungsmaterialien wie Seidenpapier, Stoff, Packpapier oder Holz zu verwenden. Eine stark duftende Seife sollte man nach der Reifung so bald wie möglich verpacken, um ihr Aroma zu bewahren. Alles weitere ist Sache des persönlichen Geschmacks. Man kann auch ganz darauf verzichten, die Seifen einzupacken – vorausgesetzt, sie werden an einem kühlen, trockenen und dunklen Ort aufbewahrt.

Das gewählte Verpackungsmaterial kann allerdings den Stil einer Seife effektvoll unterstreichen: So eignen sich für den naürlichen, rustikalen Seifentyp getrocknete Bananenblätter, Bast oder handgeschöpftes Papier. Schleifen, fein bedruckte Papiere und Seidenstoffe gehören dagegen zu einer Seife mit eleganter Note, während transparentes Seidenpapier, Spitze oder Tüll eher einen zarten und verführerischen Inhalt verbergen.

Seifen-
grundrezepte

Die meisten Basisrezepte lassen sich auf der Grundlage sowohl pflanzlicher als auch tierischer Fette realisieren. Da Pflanzenöle jedoch in der Regel unproblematischer zu verarbeiten sind, wurde bei den in diesem Buch vorgestellten Rezepten eine pflanzliche Grundlage gewählt. Sie finden hier aber auch ein Grundrezept für eine Seife auf der Basis tierischer Fette, so daß Sie sich für eine der Varianten entscheiden können.

Die Mengenangaben bei den Rezepturen erfolgen nach Gewicht, nicht nach Volumen.

Die Rezepte ergeben jeweils etwa zehn bis zwölf Seifenstücke bzw. einen Seifenblock von 1500 g.

Sie können bei den Rezepten die einzelnen Öle selbstverständlich nach persönlichem Geschmack austauschen, müssen dann aber jeweils die benötigte Menge an Natronlauge anhand der Verseifungstabelle (*siehe* Seite 170) dem Einzelfall anpassen.

Seifengrundrezept auf pflanzlicher Fettbasis

Diese weißliche Pflanzenseife ist die ideale Basis für Ihre persönlichen Seifenkreationen. Sie können ihr problemlos Düfte, Farbstoffe, konsistenzwirksame Zutaten oder jeden anderen Zusatz beifügen, ohne eine Beeinträchtigung der reinigenden und pflegenden Wirkung befürchten zu müssen.

Der Olivenölanteil der Seife – reich an Mineralstoffen, Proteinen und Vitaminen – sorgt für ein hautfreundliches Produkt mit reichem, cremigem Schaum. Das Olivenöl fördert einerseits ein schnelles Trocknen und Aushärten der Seife in der Herstellungsphase und bildet andererseits eine ideale Grundlage für den Zusatz von ätherischen Ölen oder Duftölen. Kokosöl, ein geruchsneutrales Öl, das bei Raumtemperatur fest wird, fördert ebenfalls einen feinen Schaum und zieht schnell in die Haut ein. Pflanzliches Backfett schließlich verleiht der Seife eine feste Konsistenz, ohne im Verseifungsprozeß problematisch zu werden.

Zutaten:

355 ml Kokosöl

355 ml Olivenöl

565 g Pflanzenfett

475 ml Wasser, vorzugsweise destilliert,

Zimmertemperatur

180 ml Lauge

- *Die Seifenformen einfetten und beiseite stellen. Kokosöl, Olivenöl und Pflanzenfett in einem großen laugebeständigen und hitzefesten Topf erhitzen, dabei ständig rühren, um die Hitze gleichmäßig zu verteilen. Haben die Öle eine Temperatur von ca. 40 °C erreicht, den Topf von der Platte nehmen.*
- *Das Wasser in einen laugebeständigen Krug, möglichst mit Gießtülle, füllen.*
- *Mit Gummihandschuhen und Schutzbrille geschützt die Lauge abmessen und langsam ins Wasser gießen.*
- *Ununterbrochen, aber langsam mit einem rostfreien oder hölzernen Löffel rühren, bis die Lauge vollständig aufgelöst ist.*
- *Die Lauge-Wasser-Mischung, sobald sie eine Temperatur von ca. 40 °C erreicht hat, in einem dünnen, aber stetigen Strahl zu*

den Ölen geben, dabei gelegentlich umrühren (zum Erwärmen oder Abkühlen der Öle oder der Lauge-Wasser-Mischung siehe S. 32).

- Regelmäßig und langsam, aber nicht zu heftig weiterrühren. Es sollen keine Luftblasen in der Mischung entstehen, es sei denn, Sie wollen eine leichte luftige Seife herstellen.

- Nach 10 bis 15 Minuten beginnt die Seifenmasse anzudicken, sie ist nun nicht mehr klar, sondern trüb und fester geworden: Die vom Löffel rinnende Seife hinterläßt eine Spur in der Oberfläche. Wenn nach 45 bis 60 Minuten die Seifenmasse immer noch nicht andickt, sollten Sie die Zutatenmengen noch einmal überprüfen (siehe Seite 98).

- Nun kann die Seife in die Formen gegossen werden. Anschließend mit Folie und dem Deckel der Form verschließen, mit Decken oder Tüchern abdecken und an einem vor Zugluft geschützten Ort 48 Stunden stehenlassen.

- Danach die Abdeckungen entfernen und die Seife überprüfen. Nur mit Gummihandschuhen berühren, denn die Lauge ist immer noch sehr ätzend! Wenn die Seife sich noch immer zu weich anfühlt, weitere 36 Stunden unbedeckt stehenlassen. Sobald sie fest genug erscheint, die Berührung aber noch Abdrücke hinterläßt, die Seife aus der Form nehmen, Unregelmäßigkeiten (wenn nötig) mit dem Messer glätten, dann den Block oder die Einzelstücke auf ein Kuchengitter, ein sauberes Holzbrett oder auf Plastikfolie legen.

- Bei einzelnen Formen die Seife weitere drei Wochen ihren Reifungsprozeß vollenden lassen. Bei einer großen Form, die später in kleinere Stücke zerschnitten werden soll, nach ca. einer Woche beginnen, den Reifeprozeß zu überwachen, um den geeigneten Schneidezeitpunkt zu ermitteln. Die geschnittenen Seifenstücke schließlich ebenfalls auf ein Kuchengitter, ein sauberes Holzbrett oder auf Plastikfolie bzw. Wachspapier legen und weitere 2 bis 3 Wochen trocknen und härten lassen. Zuletzt mit einem scharfen Messer die Sodaasche von der Seifenoberfläche abschaben – jetzt ist die Seife fertig!

Seifengrundrezept auf tierischer Fettbasis

Auf der Grundlage tierischer Fette hergestellte Seife ist milder und wesentlich härter als pflanzliche, darum auch ergiebiger im Verbrauch. Tierische Fette, vor allem Talg, sorgen für einen raschen Verdickungs- und Trockenprozeß, bilden eine neutrale Basis für Zusätze und entwickeln einen reichhaltigen, milden Schaum. Dieses einfache Grundrezept ist ideal für Anfänger mit wenig Erfahrung. Der Talg sollte allerdings absolut frei von Unreinheiten sein.

Zutaten:
1250 g Rindertalg
475 ml Wasser, vorzugsweise destilliert, Zimmertemperatur
165 ml Lauge

- *Die Seifenformen einfetten und beiseite stellen.*
- *Rindertalg in einem großen, laugebeständigen Topf unter gelegentlichem Rühren bis auf ca. 36 °C erhitzen.*
- *Das Wasser in einen laugebeständigen, mit einer Tülle versehenen Krug füllen.*
- *Durch Gummihandschuhe und Schutzbrille geschützt die abgemessene Lauge langsam ins Wasser gießen.*
- *Ununterbrochen, aber nicht zu schnell mit einem rostfreien oder hölzernen Löffel rühren, bis die Lauge vollständig aufgelöst ist.*
- *Die Lauge-Wasser-Mischung, sobald sie die gleiche Temperatur wie der Rindertalg (ca. 36 °C) erreicht hat, in einem dünnen, stetigen Strahl unter gelegentlichem Rühren zu den Ölen geben. Verseifung, Andicken, Abkühlen und Reifen wie bei pflanzlicher Seife.*

Ausgewählte Rezepte

Sommer-Zitrusseife

Diese Seife hat einen sommerlich erfrischenden Duft. Sie ist von fester Konsistenz, entwickelt einen reichhaltigen Schaum und erhält durch das Bienenwachs eine herrlich goldene Farbe.

Zutaten:

Grundrezept für pflanzliche Seife

55 g Bienenwachs

15 Tropfen äther. Orangenöl

10 Tropfen äther. Limonen- oder Zitronenöl

$^1/_4$ Tasse Limonenschale, fein gerieben

$^1/_2$ Tasse Zitronen- oder Orangenschale, fein gerieben

- *Dem Grundrezept für pflanzliche Seife folgen. Das Bienenwachs mit den Ölen und dem pflanzlichen Backfett mischen, erhitzen und schmelzen, dann in die Wasser-Lauge-Lösung einrühren.*
- *Sobald die Seifenmasse anzudicken beginnt, die äther. Öle und die gemahlene Zitronen-/Orangenschale zügig hinzufügen.*
- *Alle Zutaten unter Rühren gründlich mischen.*
- *Die Seife in ausgefettete Formen gießen und mit einer Decke oder einem Tuch abdecken.*
- *Reifen und trocknen lassen.*

VERGESSEN SIE NICHT, IHRE SEIFEN NACH DEM EIN-FÜLLEN IN DIE FORM ZU BESCHRIFTEN. AUF DEM MERKZETTEL NOTIEREN SIE DAS HERSTELLUNGSDATUM, DAS DATUM, AN DEM DER REIFUNGSPROZESS ABGESCHLOSSEN IST, SOWIE DIE BENUTZTEN ZUTATEN.

Zimt-Ingwer-Gewürzseife

Diese würzige Seife verdankt ihre attraktive Färbung dem Zimt-anteil. Da Ingwer einen wärmenden Effekt auf die Haut hat, eignet sich die Seife nicht für empfindliche oder gereizte Haut.

Zutaten:
Grundrezept für pflanzliche Seife
1 TL gemahlener Zimt
2 EL fein gemahlener Ingwer
15 ml äther. Ingweröl

- *Dem Grundrezept für pflanzliche Seife folgen.*
- *Nach Beginn des Andickens Zimt, Ingwer und das äther. Ing-weröl zufügen.*
- *Gut umrühren. Wenn alle Zutaten sorgfältig gemischt sind, in eingefettete Formen gießen. Reifen und trocknen lassen.*

DUFTSEIFEN SOLLTEN GUT VERPACKT GELAGERT WERDEN, DAMIT SICH DIE ÄTHERISCHEN ÖLE NICHT ZU RASCH VERFLÜCHTIGEN.

Beruhigende Honig-Vanille-Seife

Außer über hautpflegende und feuchtigkeitsspendende Eigenschaften verfügt diese Seife über ein verführerisches Honig-Vanille-Aroma. Der Bienenwachsanteil sorgt zudem für einen harmonischen goldenen Farbton.

Zutaten:

Grundrezept für pflanzliche Seife

170 g Bienenwachs

60 ml Süßmandelöl

60 ml äther. Vanilleöl

30 g Honig (leicht angewärmt)

- *Dem Grundrezept für pflanzliche Seife folgen.*

- *Das Bienenwachs den Fetten beim Erwärmen zufügen.*

- *Nach Andickungsbeginn Süßmandelöl, äther. Vanilleöl und Honig zugeben, gut mischen und in Formen gießen.*

- *Reifen und trocknen lassen.*

SIE KÖNNEN DIE REZEPTMENGEN BEI BEDARF VERDOPPELN ODER VERDREIFACHEN. DABEI MÜSSEN SELBSTVERSTÄNDLICH ALLE ZUTATENMENGEN VERGRÖSSERT WERDEN.

Zarte Kokosnuß-Rosenholz-Seife

Das ätherische Öl des Rosenholzes ist für seine beruhigende und ausgleichende Wirkung bekannt. Der leicht würzige Duft dieser Seife schafft einen harmonischen Einklang mit der leichten Süße der Kokosnuß. Eine sanfte Seife für jeden Hauttyp und jede Tageszeit.

Zutaten:

Grundrezept für pflanzliche Seife

90 g äther. Rosenholzöl

2 EL Kokosnuß, sehr fein gemahlen

- *Dem Grundrezept für pflanzliche Seife folgen.*

- *Sobald die Seifenmasse anzudicken beginnt, äther. Öl und gemahlene Kokosnuß beimischen.*

- *In Formen gießen, reifen und trocknen lassen.*

STAPELN SIE WÄHREND DES REIFUNGSPROZESSES NICHT MEHR ALS ZWEI SEIFENFORMEN UNTER EINER ABDECKUNG ÜBEREINANDER, DA DIE UNGLEICHE VERTEILUNG DER WÄRME ZU EINER UNTERSCHIEDLICHEN ENTWICKLUNG DER EINZELNEN STÜCKE FÜHREN KANN.

Klärende Lavendel-Limonen-Seife

D as Lavendelöl gilt als ein Universalöl. Es wirkt beruhigend auf gereizte Haut, sein blumiger Duft entspannt und harmonisiert. Kombiniert mit erfrischender Limone, entsteht eine Seife, die sich hervorragend für die Dusche oder das Bad am Morgen eignet. Limonenschale und Lavendelblüten verleihen ihr einen schönen Farbschimmer.

Zutaten:

Grundrezept für pflanzliche Seife

45 ml flüssiges Chlorophyll (als Farbzusatz)

30 ml äther. Lavendelöl

30 ml äther. Limonenöl

2 EL Limonenschale, fein gerieben

2 EL getrockneter Lavendel, fein gerieben

- *Dem Grundrezept für pflanzliche Seife folgen.*

- *Bei Beginn des Andickens das flüssige Chlorophyll zugießen und gut verrühren. Dann die äther. Öle sowie Limonenschale und Lavendel gründlich untermischen. Die Seife in Formen gießen, reifen und trocknen lassen.*

NOTIEREN SIE SICH STETS DIE ZUTATEN MIT MENGENANGABEN, UM SPÄTER JEDERZEIT DARAUF ZURÜCKGREIFEN ZU KÖNNEN.

Feuchtigkeitsspendende Honig-Mandel-Seife mit Muskataroma

Diese Seife wirkt als sanftes Peeling und führt der Haut zugleich Feuchtigkeit zu. Das fein geriebene Mandelpulver löst abgestorbene Hautzellen, während der Honig die Haut befeuchtet und nährt. Süßmandelöl sorgt für eine reiche Schaumbildung, Zimt für den natürlich-warmen Farbton der Seife. Das ätherische Öl der Muskatnuß erwärmt und stimuliert es wird ihm sogar eine aphrodisierende Wirkung zugesprochen. Ein Hauch von Nuß und Honig schließlich rundet die Duftkomposition ab.

Zutaten:

Grundrezept für pflanzliche Seife

115 g Bienenwachs

30 ml äther. Muskatöl

30 ml Süßmandelöl

2 EL Mandeln, fein gemahlen

30 g Honig, leicht angewärmt

1 TL Zimt, fein gemahlen

- Dem Grundrezept für pflanzliche Seife folgen. Das Bienenwachs mit den Ölen und dem Backfett erhitzen, dann mit der Wasser-Laugen-Lösung mischen.

- Sobald die Seifenmasse anzudicken beginnt, zügig das ätherische Öl, Süßmandelöl, Mandeln, Honig und Zimt hinzufügen. Alle Zutaten unter Rühren gut mischen. Die fertige Seife in eingefettete Formen gießen und mit einer Decke oder einem Tuch abdecken.

- Reifen und trocknen lassen.

Kaffee-Hafermehl-Küchenseife

Diese solide Seife verdankt ihre charakteristische Braun-
sprenkelung und das volle Aroma dem Kaffeepulver, das wirkungsvoll
unangenehme Küchengerüche an den Händen (z.B. von Zwiebeln
oder Fisch) beseitigt. Das Hafermehl pflegt und beruhigt strapazierte
Haut. Möchte man der Seife Härte und damit größere Ergiebigkeit
verleihen, sollte man auf die tierische Fettgrundlage als Basis zurückgreifen. Für eine weichere Konsistenz und einen reicheren Schaum
sorgt hingegen die Basis aus pflanzlichen Ölen.

Zutaten:

Grundrezept für eine auf tierischen Fetten basierende Seife
4 EL Kaffeebohnen, fein gemahlen
4 EL Hafermehl, fein gemahlen

- Dem Grundrezept der auf tierischen Fetten basierenden Seife
  folgen.

- Nach Andickungsbeginn die gemahlenen Kaffeebohnen und
  das Hafermehl der Seifenmasse zugeben.

- Unter Rühren gut mischen, in Formen füllen und wie üblich
  reifen und trocknen lassen.

TIERISCHE FETTE MÜSSEN FÜR DIE SEIFENHERSTELLUNG
FREI VON UNREINHEITEN UND SALZ SOWIE FRISCH SEIN,
UM EINEN RANZIGEN GERUCH ZU VERMEIDEN.

Kamille-Süßmandelöl-Seife

Getrocknete Kamilleblüten verleihen dieser Seife eine beruhigende, heilende und leicht adstringierende Wirkung. Sie ist daher ideal für trockene und gereizte Haut. Das Süßmandelöl sorgt für Feuchtigkeit und macht die Seife für Vollbäder geeignet.

Zutaten:

Grundrezept für pflanzliche Seife

60 ml Süßmandelöl

30 ml äther. Kamillenöl

60 g getrocknete Kamillenblüten

1 TL Paprika (für die Farbe)

- *Dem Grundrezept für pflanzliche Seife folgen.*

- *Wenn die Seifenmasse anzudicken beginnt, das Süßmandelöl und das ätherische Kamillenöl gründlich untermischen.*

- *Unter Rühren nach und nach Kamillenblüten und Paprika beimengen. In Formen gießen, reifen und trocknen lassen.*

B E I K R Ä U T E R S E I F E N K A N N D E R W A S S E R A N T E I L D U R C H
K R Ä U T E R T E E E R S E T Z T W E R D E N .

Verführerische Schoko-Milch-Seife

Der Traum eines jeden Schokoladen-Liebhabers. Die Kuvertüre ist nicht nur für die cremig-braune Farbe der Seife verantwortlich, sondern verleiht ihr auch ein unwiderstehliches Aroma, das Kinder und Erwachsene gleichermaßen in die Badewanne locken wird!

Zutaten:
Grundrezept für auf tierischen Fetten basierende Seife,
wobei hier der Wasseranteil auf 410 ml
(statt 470 ml) reduziert wird.
15 g Kuvertüre
60 ml Milch (Kuhmilch, Ziegenmilch,
Buttermilch)

- *Dem Grundrezept für die auf tierischen Fetten basierende Seife folgen.*

- *Kuvertüre zusammen mit dem tierischen Fett schmelzen. Dann Milch und Wasser mischen und zugießen, ehe die Lauge zugefügt wird.*

- *In Formen gießen, reifen und trocknen lassen.*

FALLS SIE EINE LEICHTE, SCHWIMMFÄHIGE SEIFE HER-
STELLEN WOLLEN, RÜHREN SIE LUFT UNTER DIE
ANGEDICKTE MASSE, BEVOR SIE SIE IN DIE FORMEN
GEBEN.

Reichhaltige Geranien-Kakaobutter-Seife

Kakaobutter wird aus den Samen des Kakaobaumes gewonnen und verfügt über hautpflegende und -schützende Eigenschaften. Sie härtet auch die Seife und sorgt für einen cremigen Schaum. Avocadoöl, das die Vitamine A, D, und E sowie Aminosäuren und Proteine enthält, heilt und befeuchtet strapazierte Haut. Den leichten Duft nach Rose, Zitrone und Pfefferminz verdankt diese Seife dem ätherischen Geranienöl, während Geranienblätter als Konsistenz- und Farbgeber die Kreation abrunden.

Zutaten:

Grundrezept für pflanzliche Seife

30 ml Avocadoöl

60 g Kakaobutter

1 EL getrocknete Geranienblüten

30 ml äther. Geranienöl

- *Dem Grundrezept für pflanzliche Seife folgen.*
- *Avocadoöl und Kakaobutter mit den Fetten erhitzen, bevor die Lauge-Wasser-Lösung hinzugegossen wird.*
- *Nach Beginn des Andickens die Geranienblüten und das Geranienöl gründlich einrühren.*
- *Wie üblich reifen und trocknen lassen.*

BERÜCKSICHTIGEN SIE, DASS SICH DER FARBTON DER SEIFE WÄHREND DES REIFUNGSPROZESSES AUFHELLT.

Belebende Olivenöl-Glyzerinseife mit Wodka

Glyzerin ist ein natürlicher pflegender Wirkstoff, der in pflanzlichen wie in tierischen Fetten enthalten ist. Nach dem Schmelzen des Glyzerins können der Seife nach Belieben ätherische Öle, getrocknete Blüten, Kräuter, Gewürze und Farbstoffe zugefügt werden. Zucker und Wodka verleihen ihr besondere Transparenz und machen sie ideal für dekorative Zusätze aller Art.

Zutaten:

400 g Rindertalg

240 ml Kokosöl

180 ml Olivenöl

120 ml Palmöl

330 ml destilliertes Wasser, Zimmertemperatur

130 ml Lauge

30 ml äther. Öl Ihrer Wahl

Zutaten, um die Transparenz zu erhöhen:

60 g Zucker

90 ml Destilliertes Wasser, Zimmertemperatur

60 g Glyzerin

120 ml Wodka

- Rindertalg und Öle (mit Ausnahme des äther. Öls) in einem großen laugebeständigen Topf auf ca. 50–60 °C erhitzen. Den Topf vom Herd nehmen.

- 330 ml Wasser in einen hitzebeständigen Krug mit Gießtülle geben. Die Lauge langsam hinzugießen, unter Rühren vollständig auflösen und auf ca. 55 °C erhitzen.

- Die Laugen-Wasser-Mischung langsam zur Fett-Öl Mischung hinzufügen und 20–25 Minuten stetig rühren, bis sich die Seife zu verdicken beginnt. Mit dem ätherischen Öl mischen und in eingefettete Formen gießen. Mit einer Decke oder Handtüchern abgedeckt, 24 Stunden vor Zugluft geschützt stehenlassen, bis sich die Seife fest anfühlt.

- Nun aus den Formen lösen, in Stücke schneiden und an einem vor Zugluft geschützten Ort unbedeckt weitere zwei Wochen reifen lassen.

- Dann den Zucker in eine Schüssel geben. 225 g der fertigen Seife fein reiben und im Wasserbad auflösen. Langsam 30 ml Wasser, Glyzerin und 35 g Zucker hinzufügen. Unter gleichmäßigem Rühren die Seifenmasse andicken lassen, den Wodka langsam zugeben und bei niedriger Hitze weiterrühren.

- Den restlichen Zucker in einer Schüssel in 30 ml erwärmtem Wasser unter Rühren vollständig auflösen. Diese Lösung in die Seifenmischung geben und ca. 35 Minuten rühren. Sobald die Seifenmasse anzudicken beginnt, in die Formen gießen und eine Stunde ins Gefrierfach stellen. Die Seife aus den Formen lösen und auf einem Kuchengitter, einem Stück Wachspapier oder Plastikfolie zwei Wochen vor Zugluft geschützt lagern.

- Jetzt können Sie Ihre Seife genießen!

Zitrus-Kokosnuß-Haarseife

Wer einmal ein Seifenstück als Haarwaschmittel benutzt hat, wird darauf nicht mehr verzichten wollen. Dieses Rezept ist besonders geeignet für feines und empfindliches Haar. Die Zitrusöle reinigen den Haarschaft, Olivenöl läßt Weichheit und Glanz entstehen, während das Eigelb dem Haar wertvolle Nährstoffe zuführt.

Zutaten:

1 Eigelb

890 ml Olivenöl

60 g Bienenwachs

2 EL Kokosöl

2 EL fein gemahlene Kokosnuß

30 ml äther. Limonenöl

30 ml äther. Zitronenöl

- Das Eigelb in 30 ml Olivenöl schlagen. In einem lauge- und hitzebeständigen Topf das Bienenwachs mit 360 ml Olivenöl sowie dem Kokosöl erhitzen und nach und nach die gemahlene Kokosnuß einrühren. Bei ca. 55 °C den Topf vom Herd nehmen.

- Wasser abmessen und in einen laugebeständigen Krug mit Gießtülle geben. Lauge abmessen und unter Rühren langsam dem Wasser hinzufügen, bis sie völlig aufgelöst ist.

- Hat die Lauge-Wasser-Mischung etwa die Temperatur der Öle erreicht, vorsichtig zu diesen gießen und rühren, bis die Seife anzudicken beginnt (ca. 30 Minuten). Nun die Mischung aus Eigelb und Olivenöl gründlich einrühren. Schließlich die ätherischen Öle hinzufügen und die Seife in die bereitgestellten Formen füllen. Mit einem Tuch abgedeckt 24 Stunden an einem vor Zug geschützten Ort reifen lassen. Die fertige Seife aus den Formen nehmen und in handgerechte Stücke schneiden. Anschließend vier Wochen lang unbedeckt an einem vor Zug geschützten Ort lagern.

Rosmarin-Lavendel-Haarseife

Ätherisches Rosmarinöl mit seiner reinigenden und harmoni-
sierenden Wirkung hilft bei Kopfschmerzen und chronischer Mat-
tigkeit. Das belebende Öl zieht in die Kopfhaut ein und fördert ihre
Durchblutung. Der Lavendelanteil wirkt leicht antibakteriell und verleiht der Seife einen herrlichen Duft. Als pflegende Zusätze dienen
Jojoba- und Süßmandelöl, die diese Seife zur Körperreinigung ebenso
wie zur Haarwäsche geeignet machen.

Zutaten:

300 ml Kokosöl

590 ml Olivenöl

120 ml süßes Mandelöl

120 ml Jojobaöl

470 ml Destilliertes Wasser, Zimmertemperatur

165 ml Lauge

30 ml äther. Lavendelöl

30 ml äther. Rosmarinöl

• *Dem Grundrezept für pflanzliche Seifen folgen. Sobald die Seife
anzudicken beginnt, das Lavendel- und Rosmarinöl hinzufügen, anschließend in Formen gießen, reifen und
trocknen lassen.*

Haarspülungen

Die beiden folgenden Spülungen sind leicht herzustellen und äußerst wirkungsvoll. Sie stellen den natürlichen pH-Wert des Haares wieder her und befreien den Haarschaft von Rückständen, die das Haar stumpf und glanzlos machen. Wenden Sie die Spülung einmal pro Woche nach der Haarwäsche an, und spülen Sie anschließend mit reichlich Wasser nach.

Apfelcidre-Essig-Haarspülung

Zutaten:
60 ml Essig aus Apfelcidre
235 ml Wasser

- Den Apfelessig in einer kleinen Schüssel mit dem Wasser mischen.

HAARSPÜLUNGEN STETS LANGSAM AUF DAS GEWASCHENE HAAR GEBEN. DIE AUGEN MÜSSEN WEGEN DES HOHEN SÄUREGEHALTS DER SPÜLUNG GESCHLOSSEN BLEIBEN. GRÜNDLICH DURCHSPÜLEN. BEI DER LETZTEN SPÜLUNG SOLLTE DAS WASSER SO KALT WIE MÖGLICH SEIN.

Petersilie-Zitronen-Haarspülung

Zutaten:

Saft von 1 Zitrone

55 g Petersilie, fein gehackt

(für zusätzlichen Glanz)

235 ml Wasser

- *Das Wasser zum Kochen bringen, Petersilie hinzufügen und fünf Minuten ruhen lassen. Anschließend durchsieben, den Zitronensaft zugeben und abkühlen lassen.*

SPAREN SIE BEI SPÜLUNGEN DIE AUGENPARTIE STETS AUS, DA DER HOHE SÄUREGEHALT ZU UNANGENEHMEN REIZUNGEN FÜHREN KANN.

Probleme und Lösungen

Selbst der umsichtigste Seifenmacher wird sich an irgendeinem Punkt des Herstellungsprozesses mit Problemen konfrontiert sehen oder mit dem Ergebnis einmal nicht zufrieden sein. Je mehr Erfahrungen Sie sammeln, desto eher werden Sie auftretende Schwierigkeiten rechtzeitig erkennen. Hier ein paar hilfreiche Tips für die häufigsten Probleme.

Die Seife läßt sich nicht aus der Form lösen

- Stellen Sie die Form für etwa eine Stunde in den Kühlschrank. Das in der Seife enthaltene Wasser drängt durch die Kälte an die Oberfläche (die Seife »schwitzt«), und die Seife löst sich nun problemlos aus der Form (*siehe* Seite 43).

Die Verdickung bleibt aus

- Bei korrekter Beachtung der Mengenangaben des Rezeptes sollte die Verdickung in jedem Fall eintreten – warten Sie also zunächst einmal ab, und rühren Sie die Masse dann erneut gut um. Falls nach anderthalb Stunden immer noch kein Anzeichen für ein Andicken erkennbar ist, stimmt etwas mit der Mischung nicht (wahrscheinlich enthält sie zu wenig Lauge bzw. einen zu hohen Wasseranteil). In diesem Fall bleibt Ihnen nichts anderes übrig als eine neue Seife anzusetzen.

Die Seifenmasse klumpt

- Ein Anzeichen dafür, daß entweder die Hitzezufuhr während des Herstellungsprozesses unterbrochen war oder aber die Masse nicht ausreichend stark bzw. nicht ausdauernd genug gerührt wurde. Die Klümpchen beeinträchtigen jedoch die Wirksamkeit der Seife nicht.

Die fertig ausgehärtete Seife zeigt Luftbläschen

- Hier wurde die Seifenmasse zu stark gerührt. Leider sammelt sich in den Bläschen häufig Lauge. Reine Luftbläschen hingegen sind absolut harmlos – und lassen die Seife sogar auf der Wasseroberfläche schwimmen!

Die ausgehärtete Seife enthält weiße Brocken

- Solche Laugenbrocken bilden sich, wenn ein zu hoher Laugenanteil verwendet und nicht ausreichend umgerührt wurde. Sie sollten in diesem Fall besser eine neue Seife ansetzen.

Die noch flüssige Seife hat eine ähnliche Konsistenz wie Hüttenkäse

- Dieser Effekt, auch als »Gerinnung« bezeichnet, ist auf falsch bemessene Zutaten, einen zu hohen Laugenanteil oder ein zu schnelles Abkühlen zurückzuführen. Auch wenn es Möglichkeiten gibt, die Seife zu retten (besonders wenn die Ursache ein zu schnelles Abkühlen war), sollten Sie sich die Mühe sparen und lieber einen neuen Versuch wagen.

Die fertig ausgehärtete Seife riecht unangenehm

- Der üble Geruch kommt wahrscheinlich von einem zu hohen Anteil an tierischen bzw. alten oder verschmutzten Fetten. Da der ranzige Geruch sich mit der Zeit noch verschlimmert, sollten sie die Seife wegwerfen.

Beim Einfüllen der flüssigen Seife in die Formen trennt sich das Öl von der restlichen Masse

- Eine Trennung der Zutaten kann vorkommen, wenn die Mengen ungenau abgemessen wurden, ein Fehler bei der Herstellung gemacht wurde oder der Laugenanteil zu hoch ist. Sie sollten die mißlungene Seife wegwerfen und eine neue ansetzen.

Nach Beginn des Aushärtens bildet sich eine dünne ölige Schicht auf der Oberfläche der Seife

- In der Regel sind dies ätherische Öle, die zur Oberfläche der Seife wandern. Diese Fettschicht verflüchtigt sich jedoch im Laufe des Reifungsprozesses.

Die fertige Seife ist brüchig und weist Risse auf

- Entweder verlief der Abkühlungs- und Trocknungsprozeß zu zügig (achten Sie darauf, die Formen direkt nach Einfüllen der flüssigen Seife zuzudecken), oder es wurde zu heftig gerührt bzw. der Laugenanteil der Seife ist zu hoch. Überprüfen Sie die Zutatenmengen noch einmal.

Die Seife wird nicht hart

- Wenn die Seife auch nach mehreren Tagen nicht hart wird, enthält die Masse wahrscheinlich zu viel Wasser bzw. nicht genug Lauge. Beweisen Sie Geduld, und lassen Sie der Seife noch etwas Zeit. Bei korrekt bemessenen Zutaten wird die Aushärtung auf jeden Fall erfolgen. Denken Sie auch daran, daß pflanzliche Seifen in der Regel weicher bleiben als solche auf tierischer Fettbasis.

Die Seife sieht streifig aus

- Maserungen und Streifen in der Seife sind ein Hinweis darauf, daß sie während des Verseifungsprozesses nicht ausreichend gerührt wurde. Diese Unebenheiten in der Färbung sind jedoch absolut harmlos und schmälern nicht die Wirksamkeit der Seife.

Nach dem Trocknen der Seife bildet sich auf der Oberfläche eine weißliche pudrige Substanz

- Dieses Pulver, das sich durch die chemische Reaktion der reifenden Seife mit Sauerstoff bildet, wird auch Sodaasche genannt und ist absolut harmlos. Sie können das Pulver entweder mit einem Messer abkratzen, bevor Sie die Seife verpacken, oder die Seife unter laufendem Wasser abspülen und anschließend trockentupfen. Die Aschebildung läßt sich vermeiden, wenn Sie die Oberfläche der Seifenmasse direkt nach dem Einfüllen in die Formen mit Plastikfolie oder schwerem Wachspapier möglichst luftdicht abdecken.

- Das Wort Seife stammt von dem römischen Berg Sapo, auf dem Tiere geopfert wurden. Regenwasser ließ eine seifige Mischung aus tierischen Fetten und Holzasche entstehen.

- Bereits im 8. Jahrhundert benutzten die Italiener und die Spanier eine seifenähnliche Substanz aus Ziegenfett und Holzasche.

- Die Engländer begannen im 12. Jahrhundert mit der Seifenherstellung.

- Als das Radio sich in den Vereinigten Staaten verbreitete, entdeckten Unternehmer es als ideales Medium, um Werbung für ihre Produkte zu machen. Große Seifenfirmen sponserten Radioprogramme, die hauptsächlich von Hausfrauen gehört wurden. Daher der Begriff »Seifenoper«.

- In den Ruinen von Pompeji wurden Überreste einer Seifensiederei und einzelner Seifenstücke gefunden.

- Die antiken Griechen und Römer rieben ihre Körper zur Reinigung mit Sand und Olivenöl ab.

- Waschmittel werden im Unterschied zu Seife nicht aus Fetten oder Ölen, sondern aus Mineralölauszügen hergestellt.

TEIL II

Düfte selbstgemacht

Zur Geschichte des Duftes

Das Parfüm beschäftigt die menschlichen Sinne seit vielen Jahrhunderten. Aromatische Kleinode aus früher Zeit geben Aufschluß über den Stellenwert des Duftes in den alten Kulturen. Ob zum Aromatisieren von Speisen, ob zum Salben und Mumifizieren der Toten, für medizinische Zwecke oder gar als Botschaft an die Götter – das Parfüm hat stets eine wichtige Rolle im menschlichen Zusammenleben gespielt. Es verlieh der Spiritualität und dem Glauben Ausdruck und trieb den globalen wirtschaftlichen Handel voran (die meisten Rohstoffe, aromatischen Gewürze und Kräuter wurden aus den Ländern Arabiens, aus Persien, China und Indien eingeführt). Dank seiner verführerischen Kräfte hat Parfüm den Quellen zufolge sogar ganze Königreiche ins Wanken gebracht.

Das Wort leitet sich vom lateinischen »per fumum« ab, was soviel wie »durch Rauch« bedeutet. Im alten Ägypten gab es einen Duftstoff namens Kyphi, ein heiliger Duft, der zum Sonnenuntergang in den Tempeln und nachts in den Wohnhäusern angezündet wurde. Es handelte sich dabei um eine pastöse Substanz, die aus verschiedenen Harzen, aromatischen Kräutern, Honig, Wein und Rosinen bestand.

Während die Ägypter wohl die ersten waren, die Düfte und Öle für die Körperpflege verwendeten, waren es vor allem die Araber, die die Entwicklung des Parfüms vorantrieben. Während der Hochzeit der arabischen Kultur zwischen dem 8. und 10. Jahrhundert entdeckten sie neue Verfahren zur Destillation und Herstellung von Parfüms. Sie waren es auch, die neuartige Duftmischungen kreierten, wobei sie Früchte, Blüten und Kräuter mit tierischen Substanzen wie Moschus, Ambergris und Zibet kombinierten. Doch erst in der Renaissance

kam man dazu, Düfte gezielt einzusetzen, um Stimmungen auszu-
drücken und bestimmte Ziele zu erreichen.

Im späten 14. Jahrhundert tauchte erstmals ein auf Alkohol
basierender Duft auf – ein Vorgänger des Parfüms, wie wir es heute
kennen. Das sogenannte Ungarische Wasser, kreiert durch Königin
Elisabeth von Ungarn, war eines der ersten Eaux de Toilette überhaupt. Die Originalrezeptur wird bis zum heutigen Tag – mit einigen
Abwandlungen – verwendet. Das ursprüngliche Ungarische Wasser
beinhaltete Rosmarin, Majoran sowie Minze, die in Weingeist destilliert wurden. Berichten zufolge hat diese Duftkomposition wesentlich
zur legendären Attraktivität und Verführungskunst Elisabeths beige-
tragen.

Im Laufe des 16. Jahrhunderts brachte die Erfindung par-
fümierter Lederhandschuhe die Parfümfertigung einen weiteren
Schritt voran. Die Dufthandschuhe, die sich in Spanien und Italien
besonderer Beliebtheit erfreuten, entwickelten sich rasch zum
bevorzugten Accessoire der Adligen Europas. Die Lederhandschuhe
wurden von den Gerbern parfümiert, um den strengen Geruch des
Rohleders (und andere unangenehme Ausdünstungen) zu überdecken.
Um das Jahr 1630 führte Katharina von Medici den duftenden Hand-

schuh in Frankreich ein. Sie war es auch, die den Aufbau eines Labors speziell für die Erforschung des Parfüms im provenzalischen Grasse anregte.

Das heute als Zentrum der Duftindustrie bekannte Grasse war ursprünglich berühmt für seine Gerbereien. Bis zum 18. Jahrhundert waren die Parfümeure in Frankreich gleichzeitig als Handschuhmacher tätig. Als die Lederwaren an Beliebtheit einbüßten, stiegen zahlreiche Gerber auf die Parfümherstellung um. Noch heute sind in Grasse 35 Firmen mit der Herstellung von Duftstoffen beschäftigt, und die Stadt gilt für viele als weltweites Zentrum der Parfümindustrie. Das milde Klima und die geographische Lage sind ideale Voraussetzungen für den Anbau von Blumen und anderen Pflanzen.

Im 18. Jahrhundert hatte das Parfüm den französichen Adel komplett erobert. Ludwig XIV. hatte den Beinamen Le Roi Parfum – der Parfümkönig; seine jeweilige Stimmungslage diktierte den Duft des Tages am Hofe. Aufgrund der hohen Preise für die meist importierten Rohstoffe, die für spezielle Düfte gebraucht wurden, war das Parfüm ein Luxus, der allein dem Adel vorbehalten war.

Erst als im späten 19. Jahrhundert die ersten synthetischen Düfte hergestellt wurden und die teuren Naturaromen ersetzten, wurde das Parfüm für weite Kreise der Bevölkerung erschwinglich.

Heute setzt die Duftindustrie Milliardensummen um – mit Parfüms, Eaux de Toilette, Seifen, Haarpflegemitteln, Weichspülern, Deodorants und gar aromatisierten Lebensmitteln. Die Botschaft der Düfte erreicht uns über Werbung in den Medien, Düfte unterstreichen das Image von Modedesignern und verleihen jedem, der sie trägt, einen Hauch von Magie. Das Parfüm ist Ausdruck der individuellen Persönlichkeit und ruft Assoziationen vertrauter (oder ersehnter) Situationen und Gefühle hervor. Düfte können uns an ferne Orte und in andere Zeiten versetzen.

Welchen Duft Sie auch wählen – unterschätzen Sie niemals die Anziehungskraft des Parfüms. Kleopatra hat Cäsar damit verführt, und Napoleon zog in keine Schlacht ohne eine Flasche edlen Duftes.

Coco Chanel hat es auf den Punkt gebracht: »Es gibt keine Eleganz ohne Duft.«

Düfte sind verschiedenen Duftfamilien zugeordnet, von denen jede ihren ganz spezifischen Duftcharakter hat: floral, grün, modern/aldehydisch, orientalisch/ambrisch, citrus, würzig und ozeanisch.

Bei der Auswahl eines persönlichen Parfüms (oder auch mehrerer) sollten die folgenden grundlegenden Aspekte beachtet werden: Geschmack, Lebensstil, Persönlichkeitstyp sowie die individuelle chemische Reaktion der Haut auf einen Duftstoff. Denken Sie daran, daß ein Parfüm bei jedem Menschen einen eigenen Duft entwickelt, der sehr unterschiedlich ausfallen kann.

Wenn Sie verschiedene Düfte ausprobieren möchten, wählen Sie am besten einen Duft mit leichterer Konzentration wie ein Eau de Cologne, und tragen ihn sparsam auf Ihr inneres Handgelenk auf. Warten Sie anschließend 45 Minuten bis 1 Stunde, damit die unterschiedlichen Duftnoten zum Tragen kommen (*siehe* Seite 126).

Floral

Die floralen Düfte bilden die größte Gruppe der Parfüms. Sie lassen sich in vier Untergruppen unterteilen: floral, floral/süßlich, floral/frisch und floral/fruchtig-frisch. Als Duftaromen (meist auf der Basis ätherischer Öle) finden wir Rose, Maiglöckchen, Ringelblume, Narzisse, Magnolie, Geißblatt, Gardenie, Orchidee, Geranie, Wicke, Veilchen, Orangenblüte, Jasmin und Hyazinthe.

Benutzerprofil:
FEMININ, FEINSINNIG UND ROMANTISCH

Zu welcher Gelegenheit?
IDEAL TAGSÜBER UND AN SOMMERABENDEN

Parfüms dieser Duftfamilie:
SUBLIME (JEAN PATOU)

VIVID (LIZ CLAIBORNE)

DUNE (CHRISTIAN DIOR)

360 DEGREES (PERRY ELLIS)

TRESOR (LANCOME)

SAFARI (RALPH LAUREN)

L'AIR DU TEMPS (NINA RICCI)

VERSUS (VERSACE PROFUMI)

GIORGIO (GIORGIO BEVERLY HILLS)

DKNY (DONNA KARAN)

CHANEL N° 22 (CHANEL)

ANAÏS ANAÏS (CACHAREL)

TRIBU (BENETTON)

POISON (CHRISTIAN DIOR)

JOY (JEAN PATOU)

ANNE KLEIN (ANNE KLEIN)

BEAUTIFUL (ESTÉE LAUDER)

Grün

Die Düfte dieser Familie erinnern an frisch gemähtes Gras, Sommer-wiesen, frische Frühlingsblätter und würzige Tannennadeln. Sie stellen eine Kombination aus Kräuteraromen, Pflanzenauszügen, Citrus und Moos dar. Grüne Düfte haben einen natürlichen Charakter mit fruchtigen und floralen Untertönen.

Benutzerprofil:

SPORTLICH-AKTIV, KONTAKTFREUDIG, LEBENDIG, ENERGIEGELADEN, EXTRAVERTIERT, MODERN UND MODEBEWUSST.

Zu welcher Gelegenheit?

PASSEND TAGSÜBER UND FÜR UNGEZWUNGENE SOMMERABENDE.

Parfüms dieser Duftfamilie:

ALLIAGE (ESTÉE LAUDER)

VENT VERT (BALMAIN)

AMORENA (CANTILÈNE)

CHANEL N° 19 (CHANEL)

DRAKKAR (LAROCHE)

EAU DE FRAÎCHEUR (WEIL)

JIL SANDER (SANDER)

MADEMOISELLE RICCI (NINA RICCI)

SILENCES (JACOMO)

SILVERLINE (GAINSBOROUGH)

SPORT SCENT FOR WOMEN (JOVAN)

Modern/Aldehydisch

Diese Düfte enthalten Aldehyde, eine Gruppe chemischer Substanzen, die im späten 19. Jahrhundert entdeckt wurde. Der Parfümeur Ernest Beaux schuf mit dem Duft *Chanel N°5* das erste aldehydische Parfüm. Aldehyde sind, vereinfacht gesagt, synthetisch gewonnene Aromen, die sich untereinander und mit natürlichen Duftaromen zu einem unverwechselbaren Duft vereinen. Die meisten heute hergestellten Parfüms benutzen Aldehyde.

Benutzerprofil:
CHARMANT, ORIGINELL, GEISTREICH.

Zu welcher Gelegenheit?
TAGSÜBER UND FÜR DEN ABEND.

Parfüms dieser Duftfamilie:
CHANEL N°5 (CHANEL)
WHITE DIAMONDS (ELIZABETH TAYLOR)
RED (GIORGIO BEVERLY HILLS)
MADAME ROCHAS (ROCHAS)
ESCAPE (CALVIN KLEIN)
CLAIBORNE (LIZ CLAIBORNE)
ARPEGE (LANVIN)
ANTILOPE (WEIL)
BAGHARI (PIGUET)
AVIANCE (MATCHABELLI)
CALINE (JEAN PATOU)
CAPRICCI (NINA RICCI)
CHICANE (JACOMO)
CHANTAGE (LANCASTER)

Chypre

Benannt nach einem Parfüm, das zur Römerzeit auf Zypern Berühmtheit erlangte, basieren diese Düfte auf Eichenmoos, Patchouli, Zibet, Labdanum, Moschus und Muskatellersalbei. Ergänzt von floralen oder Citrusaromen, sind sie intensiv und lang haftend.

Benutzerprofil:
ELEGANT, FORMELL, KULTIVIERT.

Zu welcher Gelegenheit?
PASST AM BESTEN FÜR DIE ABENDSTUNDEN.

Parfüms dieser Duftfamilie:
CABOCHARD (GRÈS)

MA GRIFFE (CARVEN)

YSATIS (GIVENCHY)

HALSTON (HALSTON BORGHESE)

ANIMALE (SUZANNE DE LYON)

MISS DIOR (DIOR)

AMERIQUE (COURRÈGES)

BANDIT (PIGUET)

APHRODISIA (FABERGÉ)

BAT SHEBA (MULLER)

CACHET (MATCHABELLI)

CIALENGA (BALENICAGA)

CIAO (HOUBIGANT)

GRAIN DE PASSION (VERFAILLIE)

NUEVA MAJA (MYRURGIA)

NITCHEVO (JUVENA)

SCULPTURA (JOVAN)

SECRET DE VENUS (WEIL)

Amber/Orientalisch

Diese ausgesprochen warme Duftfamilie erinnert an exotische Gewürze und Essenzen, Leder und Karamel. Orientalische Düfte sind schwer und lange haftend. Zu den Duftaromen gehören Moschus, Amber, Harze, Hölzer und Vanille.

Benutzerprofil:
GEHEIMNISVOLL, VERFÜHRERISCH, FEMININ.

Zu welcher Gelegenheit?
IDEAL FÜR DIE ABENDSTUNDEN.

Parfüms dieser Duftfamilie:
OBSESSION (CALVIN KLEIN)

NINJA (PARFUMS DE CŒUR)

SHALIMAR (GUERLAIN)

INCOGNITO (COVER GIRL)

NAVY (COVER GIRL)

SAMSARA (GUERLAIN)

CHANTILLY (PARQUET)

OPIUM (YVES ST. LAURENT)

EMERAUDE (COTY)

BIJAN (BIJAN)

ASJA (FENDI)

KEORA (COUTURIER)

KL (LAGERFELD)

Citrus

Citrusdüfte sind leicht und frisch. Sie eignen sich hervorragend für Eaux de Toilette und enthalten Aromen von Zitronen, Orangen, Limonen, Mandarinen, Zitronengras, Verbenie und Bergamotte.

Benutzerprofil:

JUGENDLICH, FEMININ.

Zu welcher Gelegenheit?

IDEAL TAGSÜBER UND FÜR UNGEZWUNGENE ABENDE.

Parfüms dieser Duftfamilie:

EAU D'HADRIEN (ANNICK GOUTAL)

EAU D'HERMÈS (HERMÈS)

EAU DE COLOGNE HERMÈS (HERMÈS)

EAU FRAÎCHE (DIOR)

E DE C DU COQ (GUERLAIN)

Ô DE LANCÔME (LANCÔME)

Würzig

Düfte dieser Duftfamilie haften lange auf der Haut. Zimt, Muskatnuß, Kaneel, Nelken und Piment sind nur einige der ihnen zugrundeliegenden Aromen.

Benutzerprofil:
ORIGINELL, LEBHAFT, KONTAKTFREUDIG,
UNKONVENTIONELL.

Zu welcher Gelegenheit?
AM BESTEN FÜR DEN ABEND.

Parfüms dieser Duftfamilie:
CHALDEE (JEAN PATOU)
FLEURS D'ORLANE (ORLANE)
INDRA (ST PRES)
MA LIBERTE (PATOU)
MALMAISON (FLORIS)
MOODS (KRIZIA)
CINNABAR (ESTÉE LAUDER)
MOMENT SUPREME (JEAN PATOU)
PARFUM SACRÉ (CARON)
POISON (DIOR)
NAHEMA (GUERLAIN)
TRANCE (BETRIX)

Ozeanisch

Die Düfte dieser noch relativ jungen Duftfamilie bestehen ausschließlich aus synthetischen Aromen, die den Geruch frischer Wäsche, würziger Meeresbrise, klarer Bergluft und freier Natur zu imitieren versuchen.

Benutzerprofil:
NATURLIEBEND, SPORTLICH, UNABHÄNGIG, AKTIV.

Zu welcher Gelegenheit?
IDEAL TAGSÜBER UND FÜR UNGEZWUNGENE ABENDE.

Parfüms dieser Duftfamilie:
L'EAU D'ISSEY (ISSEY MIYAKE)
ACQUA DI GIO (ARMANI)
CRISTALLE (CHANEL)
DUNE (DIOR)
SUNFLOWERS (ARDEN)
WHITE LINEN (ESTÉE LAUDER)

Es gibt drei Hauptgruppen von Düften: klassische bzw. klassisch aufgebaute Düfte, Düfte mit einer einzigen Duftnote und lineare Düfte. Bevor Sie einen Duft individuell bestimmen, ist es wichtig, ihn zunächst einer dieser Gruppen zuzuordnen.

KLASSISCHE DÜFTE

Diese Gruppe macht den größten Anteil aller auf dem Markt erhältlichen Parfüms aus. Es handelt sich dabei um aufwendige Mischungen aus insgesamt über 700 Stoffen natürlicher oder synthetischer Herkunft, die die Wirkung eines Parfüms in drei Duftphasen staffeln. Wie Teile eines klassischen Musikstückes vereinigen sich diese Phasen harmonisch – und manchmal unmerklich – zu einem Gesamtwerk.

Die Parfümindustrie hat einen großen Teil ihrer Terminologie der Musik entliehen. Wie Musik ist auch ein Parfüm eine Komposition aus verschiedenen Noten, von denen jede ihren eigenen Charakter, ihre eigene Aufgabe und ihre eigene Wirkung hat. Jede dieser Noten hinterläßt zu jedem Zeitpunkt der Wahrnehmung einen anderen Eindruck.

Klassisch komponierte Parfüms verfügen über drei unterschiedliche Noten: die Kopf-, die Herz- (oder Mittel-) und die Basisnote, die jeweils ihre eigene aktive Phase haben. Doch obwohl jede Note über einen individuellen Charakter verfügt, machen erst das Zusammenwirken und die harmonische Verbindung aller drei Noten die eigentliche Qualität des Parfüms aus.

In der Fachterminologie wird dieses Ineinanderfließen als Akkord bezeichnet. Ein solcher Akkord ist das Ziel des Parfümeurs, der einen neuen Duft kreiert.

DÜFTE MIT EINER EINZIGEN DUFTNOTE

Parfüms dieser Gruppe konzentrieren sich um einen einzigen Duft, der mit anderen Zusatzstoffen gemischt wird, die diese Hauptnote intensivieren oder ihr eine länger Haftdauer verleihen. Bevor gegen Ende des 19. Jahrhunderts die klassischen Parfüms aufkamen, gab es ausschließlich Düfte mit einer einzigen Duftnote, die zumeist auf ätherischen Ölen aus Rosen oder Geranien beruhten.

Wie man einen Duft bestimmt

Lineare Düfte

Anders als bei den klassischen Parfüms, verändert sich der Duftcharakter bei den linearen Düften mit der Zeit nicht wesentlich und bleibt auch Stunden nach dem Auftragen weitgehend erhalten.

Kopfnoten Die Kopfnoten bilden den ersten Eindruck eines Duftes und entwickeln sich sofort nach dem Auftragen auf die Haut. Sie sind meist kräftig und ausdrucksstark, verflüchtigen sich jedoch nach wenigen Minuten. Danach setzt die Herznote ein.

Herznoten (oder Mittelnoten) Die Herznoten sind der dominante Teil des Dufts und bestimmen wesentlich den Charakter eines Parfüms. Sie entwickeln sich etwa 10 Minuten nach dem Auftragen auf die Haut und können mehrere Stunden anhalten. Anhand der Herznoten läßt sich ein Parfüm am leichtesten einer der Duftfamilien zuordnen.

Basisnoten Die Basisnoten erscheinen, sobald die Herznoten sich zu verflüchtigen beginnen. Sie sind für die Haftdauer eines Duftes auf der Haut sowie für seine Tiefe und Intensität verantwortlich. Sie enthalten Fixateure, die die Verflüchtigung eines Duftes bisweilen über Tage hinauszögern. Fixateure sind tierischen (Moschus, Ambergris oder Zibet), harzigen (Balsam, Galbanum oder Weihrauch) oder holzigen Ursprungs (Aloeholz, Veilchenwurzel oder Tarragonblätter).

DUFTNOTEN

Kopfnoten:

FLORAL, FRUCHTIG UND CITRUS:

Rose, Ringelblume, Iris, Gardenie, Geranie, Jasmin,
Maiglöckchen, Hyazinthe, Kamille, Pfirsich, Schwarze
Johannisbeere, Aprikose, Orange, Limone, Zitrone,
Zitronenverbenie, Mandarine, Bergamotte

WÜRZIG:

Zimt, Nelken, Pfeffer, Muskatnuß, Koriander,
Gewürzmischung

HOLZIG:

Sandelholz, Rosmarin, Zeder, Eichenmoos

DUFTNOTEN

Herznoten

FLORAL:
Rose, Jasmin, Orchidee, Lavendel, Iris, Orangenblüte, Geranie, Kamelie, Maiglöckchen, Gardenie, Hyazinthe, Ylang-Ylang

GRÜN:
Meist Aldehyde (chemisch gewonnene Aromen), die den Duft frisch gemähten Grases und grüner Blätter simulieren.

MODERN:
Aldehyde mit floralen, fruchtigen, citrusartigen, holzigen Noten

CHYPRE:
Storax, Kalamus, Eichenmoos, Patchouli, Labdanum

CITRUS:
Zitrone, Limone, Orange, Zitronenverbenie, Bergamotte, Petitgrain, Mandarine

WÜRZIG:
Zimt, Koriander, Pfeffer, Piment, Muskatnuß, Gewürz-mischung, Nelken, Ingwer, Myrrhe

OZEANISCH:
Aldehyde, die den Duft von frischer Wäsche und einer würzigen Meeresbrise simulieren.

Duftnoten

Basisnoten

ANIMALISCH:
Zibet, Moschus, Ambergris, Kastoreum

HARZIG:
Balsam, Angelikawurzel, Galbanum, Weihrauch, Copaiba-
harz, Judeabalsam, Gileadbalsam, Perubalsam, Tolubalsam

HOLZIG:
Farn, Eichenmoos, Patchouli, Vanille, Sandelholz, Aloeholz,
Ambrein, Benzoe, Moschus, Orriswurzel, Tarragonblätter,
Tonka, Virginiazeder, Zedernholz

Parfümrezepte

Um zu Hause selber Düfte herzustellen, benötigen Sie nur wenige Utensilien, und die meisten davon sind in der Küche ohnehin vorhanden – ausgenommen die Glasfläschchen, in die das fertige Parfüm gefüllt wird. Sie brauchen:

- Luftdicht verschließbare Gläser – leere Mayonnaisegläser reichen vollkommen aus. Sie werden benötigt, um darin die Zutaten zu mischen, bevor sie in die Fläschchen gefüllt werden. Sie sollten sauber und trocken, möglichst sterilisiert sein.
- Einen Glasstab oder Edelstahllöffel zum Umrühren der Öle und Zutaten.
- Meßbecher und -löffel zum Abmessen von Wasser, Öl, Kräutern, Gewürzen und Blüten.
- Pipetten zum vorsichtigen Dosieren der ätherischen Öle.

- Einen kleinen Trichter, am besten aus Glas, zum Einfüllen des Parfüms in die Fläschchen.
- Kleine Fläschchen aus braunem Glas mit Pfropfen oder Deckel zum Aufbewahren der Parfüms.
- Ein Quarktuch oder einen Kaffeefilter aus Papier zum Herausfiltern von Kräutern, Gewürzen und und Blüten.
- Testpapierstreifen zum Testen der Düfte.
- Destilliertes Wasser.
- 100%igen Wodka.

Düfte selber machen

Düfte daheim zu kreieren heißt nicht, die Duftnoten von *Chanel N°5* am Küchentisch nachzubrauen oder eine eigene Version von *L'Air du Temps* im Keller zusammenzurühren. Diese Parfüms sollten besser den Händen – und Nasen – der professionellen Parfümeure vorbehalten bleiben, die sowohl über die Ausbildung und Erfahrung als auch über die Materialien und Methoden verfügen, um derartige Kreationen umzusetzen.

Selber Parfüms zu mischen bedeutet vielmehr, sich seinen ganz individuellen Duft – als Spray, Essenz, Parfümöl oder Eau de Cologne – zu schaffen, der mit den persönlichen Gefühlen, Stimmungen und dem eigenen Lebensstil harmoniert. Um diese Düfte selber zu machen, benötigen Sie nur einige wenige Zutaten und Ausrüstungsgegenstände, die Sie über Versandhäuser, Reformhäuser, spezielle Fachgeschäfte oder sogar über Ihren Supermarkt beziehen können.

Einen Duft verbindet man in der Regel mit dem Gedanken, einen Hauch davon auf das Handgelenk, hinter das Ohr oder in die Kniekehle zu geben, um sich auf diese Weise eine wohlriechende Aura zu schaffen. Die hier vorgestellten Düfte sind dafür bestens geeignet, sie können aber auch im häuslichen Bereich für ein besonderes Wohlbehagen sorgen.

Die folgenden einfachen Rezepte stellen Beispiele aus den verschiedenen Duftfamilien (*siehe* Seite 109) dar – mit Ausnahme von grünen, ozeanischen und modern-aldehydischen Düften, da diese aufgrund der rein synthetischen Zusammensetzung ihrer Komponenten nur in speziellen Labors hergestellt werden können. Die Sprays, Duftwässer und Eaux de Cologne können pur verwendet werden, doch auch durch Zutaten wie Duftöle, ätherische Öle, Kräuter, Gewürze und Blüten ganz nach den persönlichen Vorstellungen verändert werden.

ACHTUNG: *Zur Herstellung der Düfte sollten ausschließlich höchstwertige Rohstoffe – 100%iger Wodka, destilliertes Wasser oder stilles Mineralwasser sowie ungefärbte und chemisch unbehandelte Kräuter, Blüten und Trockenfrüchte – verwendet werden!*

Rosenwasser

PROFIL
Duftfamilie: Floral
Hauptnote: Floral

Die Rose hat im Laufe der Geschichte die unterschiedlichste Verwendung gefunden. Bereits aus der Zeit um 600 v. Chr. liegen erste Hinweise auf ihren Gebrauch vor. Aus Rosen gebundene Kränze wurden in ägyptischen Gräbern als Beigabe gefunden; die Römer füllten Kissen mit Rosenblättern; die Griechen nannten die Rosenblüte »Die Königin der Blüten«, und im Mittelalter wurde die Rose sowohl für medizinische als auch für religiöse Zwecke genutzt. Das wachsende Interesse an dieser Pflanze führte zur Vervollkommnung der Rosenöldestillation, die in Persien bereits im 16. Jahrhundert bekannt war. Die Türken brachten diese Technik schließlich nach Europa. Hier wird heute weltweit das meiste Rosenöl hergestellt.

Rosenöl (Attar oder Otto) spielt bis heute eine zentrale Rolle in der Parfümherstellung. Die am meisten verwendete Rosenart ist die Damaszenerrose, eine der ältesten Gartenrosen überhaupt, die von arabischen Parfümeuren nach Europa gebracht wurde.

Rosenöl ist Hauptbestandteil von etwa 75% aller Qualitätsparfüms, die heute auf dem Markt sind. Da man jedoch für einen knappen halben Liter Rosenöldestillat etwa 5000 Kilo Rosen benötigt, stellt das Rosenattar einen überaus kostbaren Duftstoff dar. Aus diesem Grund wird er häufig durch billigere synthetische Stoffe ersetzt. Es gibt soviele Rezepte für Rosenwasser wie es Rosenarten gibt, von denen über tausend bekannt sind. Das hier vorgestellte Rezept ist einfach in der Umsetzung. Der Alkohol dient als Konservierungsmittel und erhöht die Haltbarkeit auf 6 bis 8 Monate. Falls Sie das Rosenwasser ohne Alkohol herstellen, sollten Sie es möglichst innerhalb von 4 Wochen aufbrauchen.

Zutaten:

1 Tasse frische Rosenblätter

1 Tasse destilliertes Wasser

2 $1/2$ EL Wodka

10 Tropfen ätherisches Rosenöl

- *Füllen Sie ein sterilisiertes Glas mit Rosenblättern.*
- *Wasser und Wodka darüber gießen, mit einem Glasstab oder einem Löffel aus rostfreiem Edelstahl umrühren.*
- *Fügen Sie das ätherische Rosenöl hinzu, und verschließen Sie das Glas luftdicht.*
- *Stellen Sie das Glas eine Woche lang an einen kühlen Ort, und rühren Sie die Mischung alle paar Tage durch.*
- *Geben Sie die Flüssigkeit durch ein Quarktuch oder einen Papierfilter, und werfen Sie die Rosenblätter weg.*
- *Das fertige Rosenwasser sollte sofort in eine luftdicht verschließbare Flasche abgefüllt werden.*

DAS ERSTE ROSENWASSER WURDE VON EINEM ARABISCHEN ARZT IM 11. JAHRHUNDERT DESTILLIERT.

Lavendelwasser

PROFIL

Duftfamilie: Floral

Hauptnote: Floral

Der Name Lavendel ist abgeleitet von dem lateinischen Wort »lavare«: waschen. Bereits in der Antike nutzten die Griechen und Römer diese Pflanze, die zu den beliebtesten Parfümzutaten überhaupt gehört, als Badezusatz. Lavendel zeichnet sich durch sein süßlich-blumiges Aroma mit leichten balsamischen und kräuterigen Untertönen aus. Neben seinem ausgeprägten Duft schreibt man ihm vielseitige heilende Eigenschaften zu: desinfizierend, Narben heilend, Verbrennungen lindernd, wirksam bei Infektionen, bei Muskel- und Kopfschmerzen, Schlafstörungen, Depressionen. Außerdem soll er das Immunsystem stärken. Lavendelwasser fand bereits im England des 17. Jahrhunderts als Körperpflegemittel Verwendung.

Zutaten:

1/2 Tasse Lavendelblüten (frisch oder
getrocknet)
1 Tasse destilliertes Wasser
2 1/2 EL Wodka
10 Tropfen ätherisches Lavendelöl

- *In einem sterilen Gefäß die Lavendelblüten mit Wasser und Wodka übergießen. Mit einem Glasstab oder einem rostfreien Löffel umrühren.*
- *Ätherisches Lavendelöl zufügen, luftdicht verschließen und an einem kühlen, dunklen Ort eine Woche stehenlassen; jeden 2. Tag umrühren.*
- *Die Flüssigkeit gefiltert in eine dunkle Flasche umfüllen. So kann Lavendelwasser bis zu einem Jahr aufbewahrt werden.*

IN DER PROVENCE BEHEIMATET, WURDE LAVENDELÖL SCHON VON DEN ALTEN RÖMERN ALS ANTISEPTIKUM GESCHÄTZT.

Süßorangen-Splash

PROFIL

Duftfamilie: Citrus

Hauptnote: Citrus

Orangenöl hat, wie andere Citrusöle, eine eher flüchtige Kopfnote. Dennoch strahlt es seinen klaren, frischen Duft eine ganze Weile lang aus. Das Öl kann sehr gut solitär, aber auch in Verbindung mit anderen Duftölen verwendet werden. Bergamotteöl stammt von der Bergamotteorange und wird als fruchtiger Duft gerne für Parfüms genutzt. Es ist Bestandteil von über 40% aller Damenparfüms. Das Süßorangen-Splash hat einen hautklärenden Charakter und kann sehr gut als Basis für eine persönliche Duftkreation verwendet werden.

Zutaten:

geriebene Schale einer halben Zitrone

2 Tassen destilliertes Wasser

3 EL Wodka

15 Tropfen äther Süßorangenöl

10 Tropfen äther. Bergamotteöl

- *Die geriebene Zitronenschale in ein steriles Gefäß füllen und mit Wasser und Wodka übergießen. Mit einem Glasstab oder einem rostfreien Löffel umrühren.*
- *Die ätherischen Öle hinzufügen. Luftdicht verschließen und an einem kühlen, dunklen Ort eine Woche stehenlassen; alle 2 Tage umrühren.*
- *Die Flüssigkeit durchfiltern und die geriebene Zitronenschale entsorgen.*
- *Das Süßorangen-Splash kann in einer dunklen Flasche bis zu einem Jahr aufbewahrt werden.*

LUDWIG XV. SCHENKTE JEDER DAME AM HOF VON VERSAILLES AM NEUJAHRSTAG ORANGENBLÜTENWASSER.

Zitrus-Eau-de-Cologne

PROFIL

Duftfamilie: Citrus

Hauptnote: Citrus

Das Zitronenöl der höchsten Qualität stammt von der Rinde der japanischen Yuzu-Zitrone. Es wird durch Kaltpressung gewonnen. Mit seinem feinen und delikaten Aroma, das für eine spritzige Kopfnote sorgt, ist es hervorragend als Zutat für Eau de Cologne geeignet. Ergänzt durch Limonenöl wird daraus ein erfrischendes Duftwasser für warme Sommerabende.

Zutaten:

$^1/_2$ Tasse Süßorangen-Splash (*siehe* Seite 143)

$^1/_2$ Tasse Wodka

8 Tropfen äther. Zitronenöl

6 Tropfen äther. Limonenöl

geriebene Schale einer halben Limone

- Süßorangen-Splash wie auf Seite 143 beschrieben zubereiten.
- In einem großen sterilen Glasgefäß Wodka, Zitronenöl, Limo- nenöl, geriebene Limonenschale und Süßorangen-Splash mit einem Glasstab oder einem rostfreien Löffel verrühren.
- Luftdicht verschlossen an einem kühlen, dunklen Ort eine Woche stehenlassen; alle 2 Tage umrühren.
- Die Flüssigkeit durch ein Tuch oder durch Filterpapier sieben, die Limonenschale entsorgen.
- In einer dunklen Flasche aufbewahren und innerhalb eines Jahres verbrauchen.

DER GRIECHISCHE PHILOSOPH PLATON HIELT PARFÜMS FÜR UNMORALISCH UND LIESS SIE ALLEINE BEI PROSTITUIERTEN GELTEN.

Muskatellersalbei-Thymian-Eau-de-Cologne

PROFIL
Duftfamilie: Chypre
Hauptnote: Cyprus

Das aus Muskatellersalbei gewonnene ätherische Öl wird in zahlreichen Parfüms und Eaux de Cologne als ausgleichende Komponente eingesetzt, da es Düfte weicher macht und abrundet. Sein Aroma gilt als nussig und dem von Moschus, Lavendel und Neroli ähnlich. Thymian, dessen Name auf das griechische Wort »thymos« (»Duft verleihen«) zurückgeht, verfügt über ein starkes, leicht süßliches Aroma, das Parfüms eine kräuterige, grüne Duftnote verleiht. Weißes Thymianöl, die feinere Variante des gemeinen roten Thymianöls, findet in der Parfümherstellung sehr häufig Verwendung.

Zutaten:
$^1/_2$ Tasse Wodka
10 Tropfen äther. Muskatellersalbeiöl
5 Tropfen äther. Thymianöl

- In einem kleinen sterilen Glasgefäß den Wodka mit den beiden ätherischen Ölen mischen und mit einem Glasstab gut umrühren.
- In eine kleine dunkle Glasflasche umfüllen und verschlossen an einem kühlen Ort aufbewahren.
- Innerhalb eines Jahres verbrauchen.

WÄHREND DER ERSTEN HÄLFTE DES 16. JAHRHUNDERTS ERFUHR DIE PARFÜMHERSTELLUNG EINEN ERNSTHAFTEN NIEDERGANG, DA REFORMATION UND PURITANISMUS ALLES VERDAMMTEN, WAS LEBENSFREUDE ODER GENUSS VERHIESS: THEATER, SCHÖNE KLEIDER, DÜFTE, VERFEINERTES ESSEN UND GEWÜRZE.

Eichenmoos-Parfüm

PROFIL
Duftfamilie: Chypre
Kopfnote: Citrus
Herznote: Chypre
Basisnote: Holzig

Eichenmoos ist ein Harz, das aus Flechten gewonnen wird, die hauptsächlich auf der Rinde von Eichen wachsen. Es ist hervorragend als Fixateur geeignet und läßt sich gut Ölen, vor allem Lavendel, Jasmin, Orangenblüte und Bergamotte, beimischen. Bei zahlreichen Parfüms liefert das Eichenmoos den erdigen Unterton. Rosmarin, die Hauptkomponente des berühmten Ungarischen Wassers, das 1370 für die Königin von Ungarn kreiert wurde, verströmt einen klaren Duft, der gut mit dem Citrusaroma der Bergamotte harmoniert.

Zutaten:
1 EL Wodka
10 Tropfen äther. Eichenmoosöl
4 Tropfen äther. Bergamotteöl
4 Tropfen äther. Rosmarinöl

- *Alle Zutaten in einem kleinen sterilen Glasgefäß mischen und mit einem Glasstab umrühren.*
- *In eine kleine dunkle Glasflasche umfüllen und verschlossen an einem kühlen, dunklen Ort aufbewahren.*
- *Innerhalb von 8 Monaten verbrauchen.*

❋

DAS LEGENDÄRE UNGARISCHE WASSER, NACH KÖNIGIN ELISABETH VON UNGARN BENANNT, BERUHTE AUF EINER KOMPOSITION AUS ROSMARIN- UND LAVENDELÖL.

Gewürz-Splash

PROFIL

Duftfamilie: Würzig

Hauptnote: Würzig/Holzig

Muskatöl wird aus den Samen des Muskatnußbaums gewonnen und in der Parfümherstellung für eine Moschusnote eingesetzt, die eine harmonische Verbindung mit der Süße der Vanille eingeht. Die Gewürznelke, die als die getrocknete Blüte des Nelkenbaums eine der ersten Zutaten war, die die arabischen Parfümeure für ihre Düfte einsetzten, ist heute eine Grundkomponente vieler floraler Parfüms. Nelkenessenz verleiht dem Splash zartwürzige Untertöne.

Zutaten:

1 Tasse destilliertes Wasser

2 EL Wodka

4 ganze Gewürznelken

5 Tropfen äther. Muskatöl

5 Tropfen Vanille-Duftöl

- In einem sterilen Gefäß die Gewürznelken in Wasser und Wodka betten, luftdicht verschlossen an einem kühlen und dunklen Ort eine Woche lang aufbewahren.
- Die Nelken entfernen, die Öle hinzufügen, in eine dunkle Glasflasche umfüllen und verschlossen lichtgeschützt und kühl lagern.
- Innerhalb von 8 bis 10 Monaten aufbrauchen.

LUDWIG XIV. LIESS SICH VON SEINEM PARFÜMEUR MARTIAL TÄGLICH EIN NEUES PARFÜM KREIEREN.

Vanilleschoten-Duftwasser

PROFIL
Duftfamilie: Amber/Orientalisch
Kopfnote: Fruchtig/Würzig
Herznote: Orientalisch

Die Vanilleschote wurde im frühen 16. Jahrhundert von Cortés in Mexiko entdeckt. Ihre Popularität in der heutigen Parfümindustrie verdankt sie Francois Coty, einem der größten Parfümeure der Neuzeit. Als erster verwendete er Vanille als Hauptkomponente in seinem in den späten 1920er Jahren entworfenen Parfüm *L'Aimant*. Sandelholz ist eine der ältesten Parfümzutaten überhaupt. Seine Verwendung bei religiösen Ritualen in China und Indien läßt sich bis zum Jahr 500 v. Chr. zurückverfolgen. Vanille wird auch wegen ihrer hervorragenden Eigenschaften als Duftfixateur geschätzt. Der warme, sinnliche Duft des Vanilleschoten-Duftwassers hat eine lange Haftdauer, ohne aufdringlich zu sein.

Zutaten:
1 Tasse destilliertes Wasser
2 EL Wodka
2 Vanilleschoten
5 Tropfen äther. Sandelholzöl

- *In einem sterilen Gefäß Wasser, Wodka und die Vanilleschoten mischen. Luftdicht verschließen und eine Woche lang einweichen lassen.*
- *Vanilleschoten entfernen und Sandelholzöl hinzufügen.*
- *In eine dunkle Flasche mit luftdichtem Verschluß umfüllen. An einem kühlen, dunklen Ort aufbewahren und innerhalb von acht Monaten aufbrauchen.*

NAPOLEON PARFÜMIERTE SICH VOR SEINEN SCHLACHTEN BESONDERS INTENSIV, ÜBERZEUGT, DASS DIES SEINE VERWEGENHEIT AUF DEM SCHLACHTFELD STEIGERE.

Birnennektar-Parfüm

PROFIL
Duftfamilie: Floral/Orientalisch
Kopfnote: Citrus
Herznote: Fruchtig
Basisnote: Harzig

Das dampfdestillierte Neroliöl vom Bitterorangenbaum hat ein leichtes, süßliches Citrusaroma. Anna-Maria Orsini, Prinzessin von Nerola, war dafür berühmt, daß sie ihr Badewasser und ihre Handschuhe mit dem zarten Duft parfümierte. So erlangte das Duftöl, das bis heute eine vielbenutzte Zutat für Parfüms und Duftwässer ist, bei der italienischen Aristokratie des späten 17. Jahrhunderts große Beliebtheit. Weihrauch ist ein Gummiharz des Boswelliabaums, der in Saudi Arabien, im Yemen und in Afrika beheimatet ist. Er hat ein balsamisches, frisch-harziges Aroma mit einer leichten Apfelduftnote. Das Harz wird in der Parfümindustrie, vor allem bei Düften mit stark orientalischer Note, gerne als Fixateur eingesetzt. Man sagt diesem lang haftenden Duftstoff auch aphrodisierende Wirkung nach — seien Sie also vorsichtig (oder großzügig) beim Gebrauch!

Zutaten:
1 EL Wodka
4 Tropfen äther. Neroliöl
4 Tropfen äther. Weihrauchöl
8 Tropfen Birnenduftöl

- *In einem sterilen Gefäß den Wodka mit den ätherischen Ölen sowie dem Duftöl mischen und mit einem Glasstab oder einem rostfreien Löffel umrühren.*
- *In eine dunkle verschließbare Glasflasche umfüllen und an einem kühlen, dunklen Ort aufbewahren. Innerhalb von 8 bis 12 Monaten aufbrauchen.*

WER DIE DUFTNOTEN ZU EINEM PARFÜM KREIERT, WIRD »NASE« GENANNT. EIN KÖNNER KANN MEHR ALS 2000 VERSCHIEDENE DUFTAROMEN AUSEINANDERHALTEN.

Parfümöl Provence

PROFIL

Duftfamilie: Floral

Kopfnote: Floral

Herznote: Floral

Basisnote: Floral

Parfümöldüfte halten sich weniger lange als Düfte, die auf Alkoholbasis hergestellt werden, aber ihre »zähere« Konsistenz hat viele Anhänger. Ihr Duft haftet auch deutlich länger auf der Haut. Süßmandel- oder Jojobaöl sind eine ideale Basis für Parfümöle, die allerdings wegen ihrer geringeren Haltbarkeitsdauer innerhalb von 6 Monaten aufgebraucht werden sollten.

Lavendel hat einen äußerst charakteristischen Geruch, von dem manche behaupten, er mache süchtig. Bereits bei den Römern und Griechen der Antike war Lavendel als Duftstoff sehr beliebt. Sein ätherisches Öl wird aus den Blütenspitzen der Pflanze auf dem Weg der Dampfdestillation gewonnen. Für 15 Pfund Öl benötigt man etwa 3600 Pflanzen oder den Ertrag eines Morgens Englischen Lavendels (die Sorte mit dem feinsten Aroma). Die größte Menge an Lavendel stammt heute aus der südfranzösischen Provence. Wer jemals durch ein lilafarbenes Lavendelfeld spazierengegangen ist, wird den Duft niemals vergessen.

Zutaten:

1 TL Süßmandelöl

15 Tropfen äther. Lavendelöl

10 Tropfen äther. Sandelholzöl

- *Die Zutaten in einem sterilen Glasgefäß mischen und in eine dunkle Flasche mit luftdichtem Verschluß umgießen.*
- *An einem kühlen und dunklen Ort aufbewahren und innerhalb von 6 Monaten aufbrauchen.*

DIE MENSCHLICHE NASE KANN ÜBER 10 000 VERSCHIEDENE DÜFTE WAHRNEHMEN.

- ... daß die alten Ägypter eine parfümierte Substanz namens Kyphi in Form eines Kegels erfanden, der, auf den Kopf gelegt, durch die Körperwärme langsam schmolz und auf diese Weise das Gesicht und den Hals parfümierte?

- ... daß die Römer Duftstoffe nicht nur für ihre Kleidung und Bettlaken, sondern auch für die Segel ihrer Schiffe verwendeten?

- ... daß sich bereits die Frauen und Männer im Ägypten der Antike die Haare mit Lotionen und Ölen parfümierten?

- ... daß die Assyrer sich sogar ihre Bärte parfümierten?

- … daß im Jahr 1573 der Earl of Oxford ein Paar parfümierte Handschuhe an Königin Elisabeth überreichte und damit den Beginn der Duftindustrie in England markierte?

- … daß zur Regierungszeit König Georg III. Parfüm als verführerisches Teufelszeug verdammt wurde? Ein speziell erlassenes Gesetz dekretierte: »Jede Frau, die einen Untertanen Ihrer Majestät mit Hilfe von Duftwässern, Schminke oder parfümierten Seifen verführt oder ihre Ehe auf diese Weise verrät, … wird gemäß des Gesetzes gegen die Hexenkraft bestraft, … und die Ehe wird für ungültig erklärt«.

- … daß Katharina von Medici im 16. Jahrhundert in Frankreich parfümierte Handschuhe in Mode brachte? Bis zur Regierungszeit von Ludwig XIV. wurde der Parfümhandel von den Handschuhmachern betrieben.

- … daß im Frankreich des 18. Jahrhunderts die Wände der Boudoirs mit parfümierten Holzschnitzereien verziert wurden?

- … daß sich Napoleon, bevor er aufs Schlachtfeld zog, stets mit einer ganzen Flasche Eau de Cologne parfümierte und eine weitere Flasche in seinen Stiefelschaft steckte? Er war der festen Überzeugung, daß dies seine Kampfeskraft stärke.

- … daß es spezielle Flaschen für Eau de Cologne seit ca. 1830, für Toilettenwasser seit dem späten 18. Jahrhundert gibt?

- … daß François Coty einer der ersten war, der Parfüm in Flaschen aus Kristallglas füllte? *Ambre Antique* (eine Duftkreation Cotys aus dem Jahr 1920) wurde in einem Lalique-Flakon präsentiert.

- … daß Coco Chanel in den 1920er Jahren die Frauen von ihren steifen Korsetts befreite, indem sie eine bequeme Mode mit klarer Linie und Bewegungsfreiheit kreierte? Der Charakter des Chanel-Looks spiegelte sich auch in ihren frischen und innovativen Duftschöpfungen wider. Das berühmte Parfüm *Chanel N°5* entstand im Jahr 1921.

- Jemand, der mit verschiedenen Duftnoten experimentiert, um neue Parfüms zu kreieren, wird auch »Nase« genannt. Eine professionelle Nase kann mehr als 2000 unterschiedliche Düfte auseinanderhalten.

- Ein Parfüm besteht im Durchschnitt aus 60 bis 100 Zutaten – komplexere Düfte können mehr als 300 beinhalten.

- Es gibt nur etwa 400 Parfumeure weltweit, mehr als die Hälfte von ihnen lebt in den USA.

- Der teuerste natürliche Rohstoff, der in der Duftindustrie eingesetzt wird, ist das aus dem Wurzelstock der Iris gewonnene Orris, das 40 000 $ pro 500 g kostet.

- Wir unterscheiden rund 20 verschiedene Rosenduftnoten.

- Duft setzt sich aus verdunstenden Molekülen zusammen, die von der menschlichen Nase als Gerüche wahrgenommen werden.

- An einem normalen Tag kommt die Nase mit über 40 verschiedenen Düften in Kontakt, die sie bestimmen kann (Shampoos, Seifen, Lotionen, Deodorants etc.).

- Wissenschaftler haben herausgefunden, daß die olfaktorischen Neuronen im olfaktorischen Epithel nur etwa 60 Tage überleben. Sobald sie absterben, wird jedoch eine neue Neuronenschicht gebildet, so daß für eine ausreichende Anzahl ständig gesorgt ist.

- Jeder Mensch hat seinen ganz persönlichen »Duft-Fingerabdruck«, der u. a. von Hauttyp, Haarfarbe, Ernährung oder Streß beeinflußt wird.

- Auf fettiger Haut halten sich Düfte länger als auf trockener.

Wissenswertes

Ätherische Öle sind natürliche Duftsubstanzen, die – meist auf dem Wege der Dampfdestillation – aus Gräsern, Blüten, Kräutern, Sträuchern, Harzen oder Gewürzen gewonnen werden. Als aromatisierender Zusatz in festen und flüssigen Seifen und in Parfüms können sie beruhigend, entspannend, anregend, heilend oder schmerzlindernd wirken. Auf diese Weise beeinflussen sie den Menschen physisch, psychisch und emotional.

Der Umgang mit ätherischen Ölen

- Bewahren Sie ätherische Öle in dunklen Glasflaschen an einem kühlen Ort auf, und schützen Sie sie vor direkter Sonneneinstrahlung. Benutzen Sie nie Gefäße aus Kunststoff!
- Im Kühlschrank aufbewahrte Ölflaschen sollten stets luftdicht verschlossen sein, damit ihr Aroma nicht auf die Lebensmittel übergeht.
- Einige ätherische Öle werden durch ihren hohen Wachsanteil bei niedrigen Temperaturen fest. Sie lassen sich jedoch im heißen Wasserbad problemlos wieder verflüssigen.
- Die meisten ätherischen Öle haben eine Haltbarkeit von 2 Jahren. Pinien- und Zitrusöle jedoch verlieren schon nach etwa 6 Monaten an Aroma und Wirkungskraft.
- Farbveränderungen sind bei manchen Ölen möglich. Sie bedeuten jedoch keine Beeinträchtigung der Wirksamkeit.
- Tragen Sie ätherische Öle nicht unverdünnt auf die Haut und niemals (!) in der Augengegend auf (*siehe* Verdünnungstabelle).
- Wenden Sie ätherische Öle innerlich nur nach Rücksprache mit einem Arzt oder Aromatherapeuten an.
- Ätherische Öle sind für Babys und Kleinkinder nicht geeignet. Sorgen Sie daher für eine kindersichere Aufbewahrung.

Die folgende Tabelle nennt die wichtigsten ätherischen Öle, gibt eine Kurzbeschreibung ihrer Eigenschaften sowie Hinweise zu ihrer Anwendung:

NAME / WISSENSCHAFTL. NAME	EIGENSCHAFTEN / SICHERHEITSHINWEISE
Ajowan *Trachyspermum copticum*	durchblutungsfördernd, lindert Muskelschmerzen • *auf empfindlicher Haut sparsam verwenden*
Angelika *Angelica archangelica*	stärkend, aufbauend, beruhigend • *nicht unter Sonneneinstrahlung anwenden*
Anis *Pimpinella anisum*	hilft bei Magenkrämpfen, Verstopfung und Verdauungsproblemen • *nicht während der Schwangerschaft anwenden*
Basilikum *Ocimum basilicum*	beruhigend, muskelentspannend, erfrischend • *sparsam anwenden*
Beifuß *Artimisia alba*	muskelentspannend, spannungslösend • *nicht während der Schwangerschaft anwenden*
Bergamotte *Citrus bergamia*	hautpflegend, harmonisierend, desinfizierend • *erhöht die Lichtempfindlichkeit*
Birke *Betula lenta*	muskelentspannend, harmonisierend • *nicht während der Schwangerschaft anwenden*
Cabreuva *Myocarpus fastigiatus*	ausgleichend, tonisierend
Cajeput *Melaleuca cajuputi*	aktivierend, desinfizierend
Cananga *Cananga odorata*	hautpflegend, desodorierend
Caraway *Carum carvi*	muskelentspannend • *leichte Hautirritationen möglich*
Cistrose *Cistus ladanifer*	hautpflegend
Citronella *Cymbopogon nardus*	hautpflegend, wirkt gegen Insekten
Copaiba Balsam *Copaifera officinalis*	durchblutungsfördernd, streßabbauend
Costuswurzel *Sassuriea costus*	beruhigend
Cypriol *Cyperus scariosus*	verdauungsfördernd
Damaszener Rose *Rosa damascena*	hautpflegend
Estragon Artimisia dracunculus	adstringierend
Eukalyptus *Eucalyptus globulus*	desinfizierend, harmonisierend, hautpflegend, vertreibt Insekten
Fenchel *Foeniculum vulgare dulce*	muskelentspannend, harmonisierend, desinfizierend • *sparsam anwenden*
Galbanum *Ferula galbaniflua*	hautpflegend, muskelentspannend
Geranie *Pelargonium graveolens*	erfrischend auf der Haut, adstringierend
Grapefruit *Citrus paradisi*	harmonisierend, adstringierend, hautpflegend
Ingwer *Zingiber officinale*	adstringierend
Jasmin *Jasminum officinale*	spannungslösend, harmonisierend
Kampher *Cinnamon camphor*	harmonisierend, muskelentspannend • *nicht bei Schwangerschaft und Epilepsie*
Kardamom *Elettaria cardamomum*	muskelentspannend, hautpflegend

NAME / WISSENSCHAFTL. NAME	EIGENSCHAFTEN / SICHERHEITSHINWEISE
Karottensamen *Daucus carota*	muskelentspannend, hautpflegend, harmonisierend
Kleeblüte *Syzgum aromaticum*	muskelentspannend, harmonisierend • *Hautirritationen möglich*
Koriander *Corriandrum officinalis*	muskelentspannend, harmonisierend • *sparsam verwenden*
Kümmel *Cuminum cyminum*	anregend • *Hautirritationen möglich*
Lavandin *Lavandula hybrida*	harmonisierend, muskelentspannend, hautpflegend, adstringierend
Lavendel *Lavandula officinalis*	muskelentspannend, hautpflegend, harmonisierend, adstringierend
Lorbeer *Pimenta racemosa*	anregend, kräftigend • *Hautirritationen möglich*
Limone *Citrus aurantifolia*	harmonisierend, hautpflegend
Majoran *Origanum majorana*	desinfizierend, beruhigend
Mandarine *Citrus reticulata*	harmonisierend, hautpflegend
Manuka *Leptospermum*	schmerzlindernd, fördert die Heilung kleiner Hautverletzungen
Marokkanische Kamille *Anthemis mixta*	muskelentspannend, hautpflegend
Mimose *Acacia dealbata*	muskelentspannend, hautpflegend, harmonisierend
Muskat *Niaouli elaleuca viridiflora*	desinfizierend, lindert gereizte Haut, muskelentspannend • *sparsam anwenden*
Muskatellersalbei *Salvia sclarea*	hautpflegend, adstringierend, harmonisierend, muskelentspannend • *nicht bei Schwangerschaft; nach Anwendung keinen Alkohol trinken*
Myrrhe *Commiphora myrrha*	entzündungshemmend, spannungslösend, desinfizierend • *während der Schwangerschaft maßvoll anwenden*
Myrte *Myrtus communis*	harmonisierend, adstringierend, hautpflegend, muskelentspannend
Nachtkerze *Centhera biennis*	pflegt trockene Haut und heilt Ekzeme
Neroli *Citrus aurantium*	desinfizierend, harmonisierend
Orange *Citrus sinensis*	adstringierend, harmonisierend, hautpflegend
Oregano *Origanum vulgare*	vitalisierend • *Hautirritationen möglich*
Palmarosa *Cympobogon martini*	hautpflegend, harmonisierend, spannungslösend, muskelentspannend
Patchuli *Pogostemon cablin*	beruhigend, desinfizierend, adstringierend
Petitgrain *Petitgrain bigarade*	beruhigt bei Streß- und Angstzuständen
Pfefferminz *Mentha arvensis*	spannungslösend, muskelentspannend • *Hautirritationen möglich*

NAME / WISSENSCHAFTL. NAME	EIGENSCHAFTEN / SICHERHEITSHINWEISE
Pinie *Pinus sylvestris*	desinfizierend • *Hautirritationen möglich*
Römische Kamille *Anthemis nobilis*	muskelentspannend, hautpflegend
Rose Otto *Rosa*	adstringierend
Rosenholz *Aniba rosaeodora*	muskelentspannend
Rosmarin *Rosmarinus officinalis*	desinfizierend, muskelentspannend, harmonisierend, hautpflegend • *nicht bei Schwangerschaft u. Bluthochdruck*
Salbei *Salvia officinalis*	harmonisierend • *nicht bei Schwangerschaft und Epilepsie*
Sandelholz *Sandalum album*	desinfizierend, spannungslösend, harmonisierend, adstringierend, hautpflegend
Schwarze Johannisbeersamen *Ribes Nigrum*	hilft bei PMS (prämenstruelles Syndrom), hoher Vitamin-C-Gehalt
Schwarzer Pfeffer *Piper Nigrum*	muskelentspannend
Selleriesamen *Apium graveolens*	anregend
Spearmint (Grüneminze) *Mentha spicata*	spannungslösend, adstringierend, harmonisierend, muskelentspannend • *sparsam anwenden*
Teebaum *Melaleuca alternifolia*	desinfizierend • *bei empfindlicher Haut Irritationen möglich*
Thymian *Thymus vulgaris*	desinfizierend, tonisierend • *Hautirritationen möglich*
Vanille *Vanilla planifolia*	harmonisierend
Vetiver *Vetiveria zizanioides*	harmonisierend, blutdrucksenkend
Veilchenblätter *Viola*	entspannend, hautpflegend
Virginiazeder *Juniperis virginiania*	desinfizierend, hautpflegend, desodorierend, harmonisierend
Wacholder *Juniperus communis*	hautreinigend, adstringierend, harmonisierend • *entflammbar*
Weihrauch *Boswellia carteri*	hautpflegend, harmonisierend
Yarrow *Achillea millefolium*	heilt Narben
Ylang-Ylang *Cananga odorata*	beruhigt bei Streß- und Angstzuständen
Ysop *Hyssopus officinalis*	harmonisierend, hautpflegend • *nicht bei Schwangerschaft u. Bluthochdruck*
Zanthoxylum *Zanthoxylum alatum*	beruhigt bei Streß- und Angstzuständen
Zimtrinde *Cinnamomum zeylanicum*	hautpflegend, entzündungshemmend • *Hautirritationen möglich*
Zitrone *Citrus limonum*	harmonisierend, desinfizierend
Zitronengras *Cympobogon flexuosus*	hautpflegend, harmonisierend, muskelentspannend, desinfizierend • *Hautirritationen möglich*
Zypresse *Cupressus sempervirens*	desinfizierend, adstringierend, harmonisierend, hautpflegend • *entflammbar*

Verseifungstabelle

Der Verseifungswert (SAP-Wert) eines Öles oder Fettes bezeichnet die Menge an Pottasche in Milligramm (mg), die benötigt wird, um 1 Gramm (g) Öl/Fett zu verseifen. Man bedient sich hierbei metrischer Maßeinheiten, da die jeweiligen Werte sich auf das molekulare Gewicht der einzelnen Komponenten beziehen und das Molekulargewicht stets in Milligramm gemessen wird.

Die Menge an Natronlauge, die man zum Verseifen von Öl oder Fett braucht, wird ermittelt, indem man die benötigte Menge an Pottasche mit 0,71 multipliziert (die Zahl 0,71 ergibt sich durch eine komplizierte Rechenformel auf der Grundlage des Molekulargewichts der einzelnen Bestandteile. Wir wollen Ihnen hier die mathematischen Details ersparen). Eine vereinfachte Erklärung:

Jedes Öl oder Fett hat einen unterschiedlichen SAP-Wert. Deshalb benötigt man zum Verseifen auch unterschiedliche Mengen an Pottasche (und gleichzeitig an Natronlauge).

Der SAP-Wert von Kokosnuß-Öl beträgt z. B. 268,0. Dies bedeutet, daß man 268,0 mg Pottasche braucht, um 1000 mg (oder 1 g) Kokosnußöl zu verseifen. Zur Ermittlung der benötigten Menge an Natronlauge multipliziert man 268,0 mit 0,71, was 191,2 mg ergibt.

Verseifungstabelle

FETT ODER ÖL pro 1000 mg oder 1g	SAP-WERT benötigte Menge an Pottasche in mg	benötigte Menge an Natronlauge in mg
Aprikosenkernöl	190,0	135,5
Avocadoöl	187,5	133,7
Calendulaöl	190,0	137,5
Distelöl	192,0	136,9
Erdnußöl	192,1	136,9
Haselnußöl	195,0	136,2
Jojobaöl	97,5	69,5
Kakaobutter	193,8	138,2
Kokosnußöl	268,0	191,2
Macadamianußöl	195,0	139,0
Maisöl	192,0	129,8
Mandelöl	192.5	137,2
Nachtkerzenöl	191,0	136,2
Olivenöl	189,7	135,2
Palmkernöl	219,9	156,8
Palmöl	199,1	141,9
Rizinusöl	180,3	128,5
Rindertalg	197,0	140,5
Schweineschmalz	194,6	138,7
Sesamöl	187,9	133,9
Sheabutter	180,0	128,3
Sojaöl	190,6	135,9
Sonnenblumenöl	188,7	134,5
Süßmandelöl	192,5	137,2
Weizenkeimöl	185,0	131,9

WACHSE		
Bienenwachs	88,0	62,7
Lanolin	82,0	58,5
Lezithin	110,0	78,4

VERSEIFUNGSREGELN

- Bei der Kombination unterschiedlicher Öle müssen Sie den SAP-Wert für die Gesamtmischung ermitteln. So müssen bei 7 g Kokosnußöl, gemischt mit 3 g Sheabutter z. B. 10 g (oder 10 000 mg) als Gesamtölmenge zugrunde gelegt werden.

- Um den entsprechenden kombinierten SAP-Wert zu ermitteln, muß zunächst der SAP-Wert jedes einzelnen Öls, bezogen auf den jeweiligen prozentualen Anteil an der Gesamtmenge, errechnet werden.

- Bei unserem Beispiel mit 7 g Kokosnußöl und 3 g Sheabutter sähe die Rechnung wie folgt aus: 0,7 x 268,0 + 0,3 x 180,0 = 241,6 mg. Der kombinierte SAP-Wert des Fett-Öl-Gemischs beträgt in diesem Beispiel also 241,6.

- Indem man das totale Gewicht der Fette/Öle mit dem kombinierten SAP-Wert multipliziert, erhält man die benötigte Menge an Pottasche: 10 g multipliziert mit 0,2416 g ergibt 2,41 g.

- Als nächstes wird die gebrauchte Menge an Natronlauge ermittelt, indem man 2,41 mit 0,71 multipliziert.

- 2,41 multipliziert mit 0,71 ergibt 1,71 g benötigte Natronlauge für die Fett/Ölmischung aus 7 g Kokosnußöl und 3 g Sheabutter.

GLOSSAR

*= Begriffe und Fachausdrücke aus der
Duftherstellung

°= Begriffe und Fachausdrücke aus der
Seifenherstellung

* **Abir** Ein aromatischer Puder der
Hindus, der sich hauptsächlich aus
Nelke, Sandelholz und Kardamom
zusammensetzt und im Orient häufig
als Duftstoff benutzt wird.

° **Absolue** Ein hochkonzentrierter
Duftextrakt aus einem Duftrohstoff
(z. B. einer Blüte, einem Stück Rinde,
einem Blatt), der weder Wachsanteile
noch andere Nebenbestandteile enthält
und durchschnittlich mindestens zwei
Extrahierungsprozesse durchlaufen hat.

°* **Ätherische Öle** Hochkonzentrierte
Essenzen, die – zumeist auf dem Weg
der Dampfdestillation – aus Pflanzen,
Baumrinde, Wurzeln, Samen, Gräsern,
Blüten, Früchten und Blättern gwonnen
werden.

* **Äthylalkohol** Wird Duftölen und
Parfüms zugesetzt, um deren Intensität
zu vermindern. Je geringer die
Verdünnung mit Alkohol, desto intensi-
ver ist der Duft. Siehe hierzu im folgenden die Typen von Duftmitteln: von
hochkonzentriert (hoher Anteil an
Parfümöl, geringer Alkoholanteil) bis
stark verdünnt (geringster Anteil an
Parfümöl, hoher Alkoholanteil):

Parfüm
96%iger Alkohol mit 22%
Parfümölanteil

Eau de Toilette
80–90%iger Alkohol mit 8–15%
Parfümölanteil

Eau de Cologne
50–75%iger Alkohol mit bis zu 5%
Parfümölanteil

* **Akkord** Ein komplexes Gemisch von
drei oder vier Düften (oder Duftnoten)
mit jeweils individuellen Aromen, die
gemischt ihren eigenen Charakter
zugunsten eines neuen Duftes
aufgeben.

* **Aldehyd** Chemisch-organische
Substanz synthetischen oder natürlichen Ursprungs, die hauptsächlich zur
Herstellung synthetischer Düfte eingesetzt wird. Parfüms auf Aldehyd-Basis
haben eine sinnlich-schwere, oft kaum
definierbare Kopfnote. Coco Chanels
№5 war 1921 das erste Parfüm, bei
dem der Gebrauch von Aldehyden in der
Parfümherstellung zur Perfektion
gebracht wurde.

° **Alkali** Eine Substanz mit einem
pH-Wert über 7.
Natronlauge ist eine alkalische
Substanz, die bei der Seifenherstellung
Säuren neutralisiert.

* **Amber** Aus der Rinde von Nadelbäumen
gewonnenes Harz, das Parfüms eine
warme Note verleiht. Düfte dieser
Richtung haben einen holzigen, süßen
und exotischen Charakter.

* **Ambra, graue** Eine leichte, nahezu
geruchsneutrale und leicht fettige
Substanz aus den Eingeweiden des
Pottwals. Diese Substanz wurde klas-
sischerweise als Fixiermittel für
Parfüms eingesetzt und sorgte für einen
schweren, leicht rauchigen Duft mit
Moschuscharakter. Die moderne
Parfümherstellung setzt Ambergris und
andere Substanzen tierischer Herkunft
wie Moschus, Rizinusöl und Zivet nur
noch selten ein und stellt die warmen,
animalischen Duftnoten auf pflanzlicher
oder synthetischer Basis her.

* **Animalisch** Bezeichnung für Düfte,
deren Basis tierische Substanzen wie
Moschus, Rhizinusöl, Zivet oder Ambra
sind.

* **Anosmia** Medizinischer Fachbegriff für
den völligen Verlust des Geruchssinns.

* **Apokrin** Eine Art von Schweißdrüse im
menschlichen Körper, die für den individuellen Körpergeruch verantwortlich
ist und die auch die oft verblüffend
unterschiedliche Duftwirkung des gleichen Parfüms bei unterschiedlichen
Menschen beeinflußt.

* **Attar oder Otto** Der Begriff geht zurück
auf das persische Wort »Atr Jul«, das
so viel wie »Fett der Blume« bedeutet.
Er bezeichnet das ätherische Öl, das
durch Destillation aus einer Blüte
gewonnen wird, und dient vor allem zur
Bezeichnung von ätherischem Rosenöl.

° **Auslassen** Prozess zur Reinigung und
Purifikation von Fetten, mit Talg als
Endprodukt.

* **Balance** Bezeichnet das Ergebnis einer
gelungenen und harmonischen
Duftmischung aus verschiedenen
Komponenten.

* **Balsam** Ein aus Bäumen und
Sträuchern gewonnenes Harz, das in der
Parfümherstellung hauptsächlich als
Fixateur eingesetzt wird.

° **Base** Diese alkalische Substanz (nor-
malerweise Soda oder Natronlauge)
wird durch eine chemische Reaktion mit
Fett oder Öl zu Seife.

* **Basisnote** Als Basisnote bezeichnet man die am längsten haftende Duftnote eines Parfüms. Die Bestandteile, die für die Haftdauer des Duftes verantwortlich sind, werden als Fixateure bezeichnet.

* **Baudruchage** Mit dieser Methode werden Parfümflaschen versiegelt, indem über den Verschlußstopfen und den Flaschenhals eine dünne Haut (traditionell aus Schweinedarm) gezogen und mit einem dünnen Band fest verknotet wird.

* **Blotter Strip** *Siehe* Mouilette

° **Chlorophyll** Eine pflanzliche Farbsubstanz, die zur Färbung von Seifen verwendet wird und gleichzeitig desinfizierend wirkt.

* **Chypre** Diese Duftfamilie beruht auf holzigen Düften wie Muskatellersalbei, Eichenmoos und Patchouli.

* **Citrus** Bezeichnet den Charakter von Düften aus Orange, Zitrone, Limone, Mandarine, Neroli und Bergamotte.

* **Cologne** Ein leichtes Duftwasser auf Alkoholbasis mit einem geringen Anteil an Parfümöl.

* **Concrete** Eine wachsartige Substanz, die bei der Gewinnung von ätherischen Ölen mit Hilfe von verdampfbaren Lösungsmitteln anfällt. Concrete kann durch weitere Destillations- und Reinigungsprozesse zu Absolute verarbeitet werden. *Siehe* Absolute.

* **Dampfdestillation** Die am häufigsten genutzte Methode, um ätherische Öle aus Blüten, Pflanzen, Rinde, Samen und Früchten zu gewinnen.

* **Dry Down** Die letzte Phase der Wirkungsdauer eines Parfüms nach dessen Auftragen auf die Haut. In dieser Phase bestimmt die Basisnote den Charakter des Duftes.

°* **Duftöle** Synthetische Imitationen ätherischer Öle.

* **Duftstärke** Die Intensität eines Duftes.

* **Eau de Toilette** Duftwasser mit einem Anteil an Parfümöl von 8–15%.

° **Emolliant** Pflegende Substanz, die dem Feuchtigkeitsverlust der Haut entgegenwirkt.

* **Enfleurage** Methode der Gewinnung von ätherischem Öl oder von Absolute aus Pflanzen oder Blüten. Diese werden mit tierischem Fett vermengt, das das Öl aus den Pflanzen zieht. Mit anschließender Alkohol-Extraktion wird die Essenz von dem Fett getrennt und gefiltert, um das Fett sowie die Pflanzen- und Blütenreste zu beseitigen. Zurück bleibt eine sehr kostbare, erstklassige Essenz.

* **Extrait** Die reinste Parfümform mit dem höchsten Anteil an Duftöl.

* **Extrakt** Hochkonzentrierter Pflanzenauszug.

* **Factice** Ein Parfümflakon speziell für Dekorationszwecke, der häufig Übergröße hat und als Parfümersatz oft mit einer gefärbten Flüssigkeit gefüllt wird.

* **Fixateur** Eine Substanz, die die Verflüchtigung eines Duftes hinauszögert und in der Regel auf Moosen, Harzen oder chemisch gewonnenen Aromen basiert. Häufig verwendete Fixateure sind Zedernholzspäne, Orangenschalen, Veilchenwurzel, Patchouli, Storaxöl sowie Muskatellersalbei. *Siehe auch* Basisnote.

* **Flakon** Kleines Parfümfläschchen aus Glas mit luftdichtem Zierverschluß.

* **Floral** Auf blumigen Aromen beruhende Duftfamilie. Als Attribut bezeichnet es Parfüms auf Blütenbasis.

* **Flüchtig, verdampfbar** Eine Substanz, die bereits bei einer niedrigen Temperatur verdampft. Eine flüchtige Duftnote hat nur eine geringe Haftdauer.

° **Glyzerin** Als ein Nebenprodukt der Seifenherstellung, wird diese Substanz wegen ihrer hautpflegenden Eigenschaften der Seife wieder hinzugefügt. Seifen mit einem hohen Glyzerinanteil sind häufig transparent.

* **Grün** Bezeichnung einer kräuterigen Duftfamilie, deren Aromen an frisch gemähte Wiesen erinnern.

* **Gummiharz** Eine aus Bäumen und Sträuchern gewonnene klebrige Substanz, die als Bindemittel oder Fixateur benutzt wird.

* **Haftfähigkeit** Die Fähigkeit eines Duftes, sich über einen längeren Zeitraum zu halten.

* **Herznote** Auch als Mittelnote oder Körper bezeichnet. Die Herznote ist die zentrale Duftnote eines Parfüms, nach der die zugehörige Duftfamilie bestimmt wird. Die Herznote ist etwa 8 bis 16 Minuten nach Auftragen des Parfüms voll entwickelt.

* **Holzig** Duftfamilie, deren warme, herbe Aromen an die Gerüche des Waldes erinnern. Zu dieser Gruppe gehören u. a. Aromen wie Sandelholz, Moschus, Zeder, Patchouli, Farn oder Eiche.

* **Intensität** Die Stärke und Tiefe eines Duftes, unabhängig von dessen Haftdauer oder Qualität.

* **Ionones** Ein wichtiger chemischer Bestandteil von Veilchenduftwässern und -parfüms.

* **Kaltes Einweichen** Diese Methode der Gewinnung ätherischer Öle wird auch als Enfleurage bezeichnet. *Siehe* Enfleurage.

° **Kaltrühren** Eine traditionelle Art der Seifenherstellung, bei der Fett oder Öl mit Natronlauge eine chemische Reaktion eingeht.

* **Kopfnote** Der erste Dufteindruck direkt nach Auftragen des Parfüms auf die Haut. Von allen drei Duftnoten – Kopfnote, Herznote und Basisnote – verflüchtigt sich die Kopfnote am schnellsten.

° **Lauge** Auch als Ätznatron oder Natronlauge bekannt, ist sie eine der wichtigsten Substanzen in der Seifenherstellung, da sie die Grundlage für die chemische Reaktion mit Fett oder Öl schafft. Natronlauge ist in Form von Kügelchen, Stäbchen oder Raspeln erhältlich und sollte mit großer Sorgfalt verwendet werden, da der direkte Hautkontakt zu Irritationen und Hautbrennen führen kann.

* **Limbisches System** Teil des Gehirns, wo Botschaften von den olfaktorischen Nervenbahnen empfangen und gedeutet werden. Das limbische System ist der Sitz unserer Gefühle, Stimmungen sowie des Sexualtriebs.

* **Lösungsmittel** Verdampfbare Flüssigkeiten, mit deren Hilfe ätherische Öle aus Pflanzen, Blüten, Kräutern und anderen natürlichen Parfümrohstoffen gewonnen werden.

* **Mazeration** Eine Methode der Gewinnung von ätherischen Ölen, bei der Blüten in riesigen Bottichen mit heißem Fett eingeweicht werden. Anschließend wird die Mischung in Alkohol ausgewaschen. Nach Verdampfung des Alkohols bleibt das reine ätherische Öl zurück.

* **Modern** Bezeichnet eine Duftfamilie, die mit Hilfe von Aldehyden einen besonders intensiv-sinnlichen Charakter erhält. Moderne Düfte zeich-

nen sich durch eine starke Kopfnote und eine geheimnisvoll-pudrige Basisnote aus. Das von Ernest Beaux 1921 kreierte Parfüm *Chanel № 5* war der erste Duft, der Aldehyde gezielt einsetzte.

* **Mouillette** Ein Streifen hochsaugfähigen Papiers, mit dessen Hilfe man einen Duft testen kann.

* **Note** Bezeichnet die unterschiedlichen Duftstadien eines ätherischen Öls auf der Haut vom Moment des Auftragens an bis zu drei Stunden danach. Es existieren drei Stufen: die Kopfnote, die den ersten Eindruck des Duftes bezeichnet; die Herznote, die in den Vordergrund tritt, sobald die Kopfnote sich verflüchtigt hat; und die Basisnote, die dem Duft seine Haftdauer verleiht.

* **Olfaktorisch** Den Geruchssinn betreffend.

* **Olfaktorische Kugel** Eine erbsengroße Hirnregion, die Botschaften von den Sinnen über die olfaktorischen Neuronen empfängt und diese über das limbische System in andere Teile des Gehirns weitertransportiert.

* **Olfaktorisches Epithel** Empfängerzellen (*siehe* vomeronasale Organe), die sich im oberen Innenbereich der Nase befinden. Sie übermitteln als »Geruchssensoren« die elektrische Botschaft an die olfaktorische Kugel. Das olfaktorische Epithel besteht aus über 5 Millionen olfaktorischer Neuronen.

* **Olfaktorische Wahrnehmungsschwelle** Die niedrigste Duftkonzentration, die wahrgenommen und identifiziert werden kann.

* **Olfaktorische Zelle** Ein Neuron, das Duftmoleküle wahrnimmt.

* **Ozeanisch** Die Düfte dieser Familie beruhen auf synthetischen Duftstoffen, die an frisch gewaschene Wäsche, an eine Meeresbrise oder an klare Bergluft erinnern.

* **Parfüm-Eintauchstäbchen** *Siehe* Mouillette.

* **Parfümkonzentration** Bestimmt den prozentualen Anteil an ätherischen Ölen in einem Duftwasser.

° **pH** Der pH-Wert gibt die Konzentration von Sauerstoffionen in einer Substanz an.

* **Pheromone** Eine chemische Substanz,

die als Botenstoff unter anderem das Sexualverhalten unbewußt beeinflußt. Bei Tieren werden Pheromone gezielt zur Paarungsanregung eingesetzt.

* **Pomade** Kosmetikum aus Fett und Blütenölen zur Haut- und Haarpflege.

°* **Pressung** Eine Methode, bei der ätherische Öle, vor allem von Zitrusfrüchten, durch Pressen der Fruchtschalen zwischen Walzen oder einer speziellen hydraulischen Presse ausgepreßt werden.

* **Resinoid** Ein Harz, das mit Hilfe von Alkohol von Unreinheiten befreit wurde.

° **Säurewert** Bezeichnet die Menge an Pottasche, die benötigt wird, um die Fettsäure eines Gramms Fett zu neutralisieren.

° **Seife** Das Endprodukt aus einer Reaktion von Fettsäure (Fette oder Öle) mit einer basischen Substanz (am häufigsten Natronlauge).

* **Splash Cologne** Eau de Toilette mit einem Parfümanteil zwischen 1 % und 3%.

* **Synthetische Duftstoffe** Im Labor hergestellte Imitationen natürlicher Duftöle oder synthetische Phantasiedüfte, die in der Natur nicht existieren.

° **Talg** Von Unreinheiten befreites tierisches Fett.

* **Tiefe** Der Begriff beschreibt die Fülle und Intensität eines Duftes.

° **Titer** Der Temperaturpunkt, an dem die Fettsäuren eines Fettes oder Öls fest werden (Solidifikationstemperatur). Je höher der Titer eines Fettes oder Öls ist, desto härter wird die Seife.

* **Toilettenwasser** *Siehe* Eau de Toilette

° **Trennung** Bezeichnet den problematischen Punkt in der Seifenherstellung, wenn das Öl sich von der Laugenmischung trennt.

° **Trockenphase** Etwa 4 bis 8 Wochen dauernder Prozeß, nachdem die Seife in die Formen gegossen wurde. Während der Trockenphase setzt sich die Verseifung fort (die Natronlauge ist noch aktiv) und entwickeln sich die pflegenden Eigenschaften des Endproduktes.

° **Überfetten** Das Zugeben von Fettüberschüssen zur Seife, um sie reichhaltiger und cremiger zu machen. Das Überfetten findet nach dem Verdicken der Seife und vor dem Einfüllen in die Formen statt. Avocadoöl und Kakaobutter werden häufig als zusätzliche Überfettungsstoffe eingesetzt.

* **Untertöne** Die facettenreichen Nebennuancen eines Duftes.

° **Unverseifbare Öle** Öle, die sich der chemischen Reaktion entziehen und unverändert in das Endprodukt eingehen.

° **Verdickung** Zeigt im Prozeß der Seifenherstellung an, wann die Seife bereit für die Einfüllung in die Formen ist. Die Mischung aus Wasser/Lauge und Ölen ist zunächst flüssig. Durch die chemische Reaktion verdickt sie sich jedoch und erhält einen milchigen Charakter. Der Verdickungsprozeß ist abgeschlossen, sobald man mit einem Löffel oder Spatel einen sichtbaren Strich in der Mischung ziehen kann oder wenn sich Tropfen der Mischung, die man vom Löffel tropfen läßt, sichtbar auf der Oberfläche der Seifenmasse absetzen.

° **Verseifung** Eine komplexe chemische Reaktion zwischen Fettsäure und einer basischen Substanz, bei der Seife und Glyzerin entstehen.

° **Verseifungswert/SAP-Wert** Der SAP-Wert eines Öls gibt die benötigte Menge an Pottasche an, um 1 g dieses Öls zu verseifen.

* **Vomeronasale Organe** Nervenzellen, die in winzigen zigarrenförmigen Taschen im olfaktorischen Epithel im hinteren Naseninnenraum gelagert sind. Die vomeronasalen Organe enthalten Rezeptorzellen, die chemische Signale aufnehmen und über das limbische Sytem zur olfaktorischen Kugel weiterleiten.

* **Weihrauch** Intensiv duftender Rauch, der durch Verbrennung aromatischer Substanzen erzeugt wird.

* **Würzig** Zu dieser Duftfamilie gehören Gewürzextrakte von Muskatnuß, Zimt, Nelke, Kaneel etc.

* Angaben ohne Gewähr

ALLGEMEINE INFORMATIONEN

Beauty Forum
www.beauty-forum.com
(Kosmetikbranche)

Beauty Guide 2000
www.beauty-health.de

Beauty-Links und -Infos
www.beauty-and-more.de

Esoterik-Forum
http//esoterik-forum.de/produkte/natur-
kosmetik/htm

Öko-Test
PF 900766
60447 Frankfurt
Faxservice: 0190-252020

EINKAUFSFÜHRER

Versandfirmen:

AF-Natur-Shop Blunk
www.provida.de

B & W Naturpflege Fachversand
Grenzweg 7
42555 Velbert
Tel. 01805-234545
Fax: 01805-234141

*Blauer Planet – Versandhaus für lebens-
freundliche Produkte*
PF 50
34340 Hedemünden
Tel. 05545-1828
Fax: 05545-318

FMK Natur- und Umweltversand
Jahnstr. 12 a
67117 Limburgerhof
Tel. 06236-61018
Fax: 06236-60054

*Gesellschaft für kosmetische
Erzeugnisse mbH*
PF 1147
75351 Calw
Web: www.boerlind.com

nur natur
82549 Königsdorf
Service: 01805-256246

Secret Emotion Kosmetik
Bergiusstr. 3
22765 Hamburg
Tel. 040-3906369
Fax: 040-3900586

Versand Gundi Hahnke
Wettener Str. 3
47623 Kevelaer
Tel./Fax: 02823-2428

Viola Versand
Dachauer Str. 85
82256 Fürstenfeldbruck
Tel. 08141-43768
Fax: 08141-59013

Hersteller:

ALVA Umweltschonende Produkte
Mindener Str. 63
49084 Osnabrück
Tel. 05407-8410
Fax: 05407-841299

Apotheker Dr. Scheller
PF 1125
73011 Göppingen
Tel. 07147-900770
Fax: 07147-900772

Crameri Naturkosmetik
Am Kurpark
67098 Bad Dürkheim
www.crameri-naturkosmetik.de

CCC Heidelberger Milchkosmetik
Güteramtsstr. 15-19
69115 Heidelberg
Tel. 06221-24547
Fax: 06221-160555

Christiane Hinsch – Natürliche Hautpflege
Siegendorf Nr. 24
97516 Oberschwarzbach
Tel. 09383-2167
Fax: 09383-6421

Claire Fischer Taylor Kosmetik
PF 4949
76032 Karlsruhe
Tel. 0721-610104
Fax: 0721-6101436

HanfHaus
Waldemarstr. 33
10999 Berlin
Tel. 030-6167640
Fax: 030-61609841

IMCONEX HimaLaya Natural Cosmetic
Westpreußenring 168
23569 Lübeck
Tel. 0451-306811
Fax: 0451-306813

Lavera Natürliche Körperpflege
Am Weingarten 4
30974 Wennigsen
Tel. 05103-939130
Fax: 05103-939139

Lunasol Kosmetik
Dillingerstr. 76
86609 Donauwörth
Tel. 0906-7060620
Fax: 0906-7060678

Naturwaren Dr. Peter Theiss
PF 1559
66406 Homburg
Tel. 06841-7090
Fax: 06841-709265

Primavera Life
Am Fichtenholz 5
87477 Sulzberg
Tel. 08376-8080
Fax: 08376-80839

Speick Werk Walter Rau
PF 810380
70520 Stuttgart
Tel. 0711-16130
Fax: 0711-1613100

Spinnrad
Am Luftschacht 3 a
45886 Gelsenkirchen
Tel. 0209-1700011
Fax: 0209-1700040

Stella Essenzen Kosmetische Grundstoffe
Bleichereistr. 41
73066 Uhingen
Tel. 07161-939630
Fax: 07161-939631

Taoasis Aroma Kosmetik
Bismarckstr. 23
32657 Lemgo
Tel. 05261-14240
Fax: 05261-189470

Tautropfen
Bahnhofstr. 5
83119 Obing am See
Tel. 08624-87850
Fax: 08624-878532

The Body Shop
Graf-Landsberg-Str. 1 h-k
41460 Neuss
Tel. 02131-9546
Fax: 02131-954701

Wala Heilmittel
Dr. Hauschka Kosmetik
73085 Eckwälden/Bad Boll
Tel. 07164-9300
Fax: 07164-930297

Weleda AG Heilmittelbetriebe
PF 1320
73503 Schwäbisch Gmünd
Tel. 07171-9190
Fax: 07171-919362

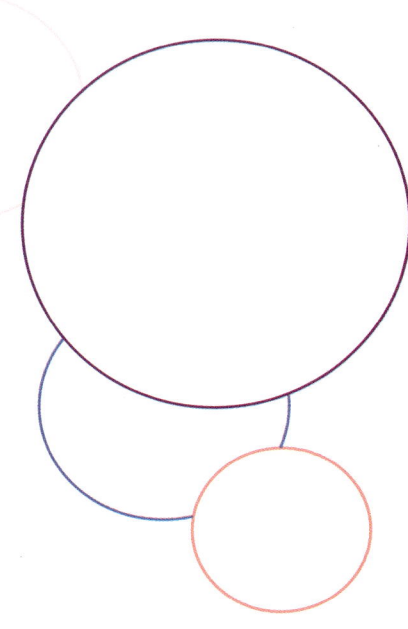

LITERATUR

Allgemein:

Compact Miniratgeber Naturkosmetik, München 1991
St. Faber: Das große Buch der Naturkosmetik, Wien 1997
M. Gebhardt: Praxis der Naturkosmetik, Stuttgart 1999
I. Hammelmann: Das gr. Hausbuch der Naturkosmetik, Rastatt 1998
E. Heymann: Haut, Haar und Kosmetik, Stuttgart 1994
H. Kovács/M. Preuk: Kursbuch Haut, München 1997
G. Krahl: Von Kopf bis Fuß, mit Haut und Haar, Reinbek 1998
G. Leibfried: Naturkosmetik, München 1997
Öko-Test: Ratgeber Kosmetik, Reinbek 1995
J. Pütz/Chr. Niklas: Die 5-Minuten-Kosmetik, Köln 1990
Schön durch Naturkosmetik (10 Titel), Rastatt 1997
K. Spiers: Naturkosmetik, Köln 1999
R. Stiens: Naturkosmetik – Das Praxisbuch, München 1997
L. Träger: Chemie in der Kosmetik heute, Heidelberg 1995
A. Waniorek/L. Waniorek: Schönheit ganz natürlich, München 1993

Ätherische Öle:

E. Gildemeister/F. Hoffmann: Die Ätherischen Öle, Berlin 1956
H. Kluge: Natürlich heilen und pflegen mit Teebaumöl, München 1997
W. Pool: Heilen durch Hoffnung, Köln 1994
J. Pütz/Chr. Niklas: Hobbythek – Gesundheit mit Kräutern und Essenzen, Köln 1994
K. Schnaubelt: Neue Aromatherapie, Köln 1995

Parfüms/Düfte:

B. Bross-Burkhardt: Duftstoffe für die Naturkosmetik, Stuttgart 1990
A. Hurton: Erotik des Parfüms, Frankfurt 1994
G. Krahl: Schnupperinseln und Parfüms, Reinbek 1998
E. T. Morris: Düfte. Kulturgeschichte des Parfüms, Düsseldorf 1993
M. Neuhold: Naturkosmetik und Parfüm selbstgemacht, Graz 1997
Parfüms. Edition 1998/99, Ulm 1999
J. Pütz/Chr. Niklas: Hobbythek – Betörende Parfüms, Köln 1993
   (auch als CD-ROM)
M. Winter: Aromakunde für die Naturkosmetik, Egweil 1997

Seifen:

B. Arndt u. a.: Chemie: Stoffe, Reaktionen, Umwelt, Berlin 1992
M. Cross: Duft und Schaum – Seifen selbstgemacht, Stuttgart 1999
B. Pagram: Alte Hausmittel neu entdeckt – Von geheimen Rezepten, guten Düften und feinen Seifen, Köln 1998
J. Pütz u. a.: Hobbythek – Cremes und sanfte Seifen, Köln 1990
A. Rechsteiner: Seifen selber machen, Münsingen 1995
Seifen und Waschmittel (Lernmaterialien), Stuttgart 1993

UMRECHNUNGSTABELLE

Für den Fall, daß Sie Zutaten aus Übersee beziehen (USA, Asien), können Sie mit der folgenden Tabelle die exakten Mengen berechnen.

Ounces (Unzen)	pounds (Pfund)	Gramm
8 oz	1/2 lb.	226 g
16 oz	1 lb.	454 g
24 oz	1 1/2 lb.	679 g
32 oz	2 lb.	907 g
40 oz	2 1/2 lb.	1,1 kg
48 oz	3 lb.	1,4 kg
56 oz	3 1/2 lb.	1,6 kg
64 oz	4 lb.	1,8 kg
72 oz	4 1/2 lb.	2 kg
80 oz	5 lb.	2,3 kg
88 oz	5 1/2 lb.	2,5 kg
96 oz	6 lb.	2,7 kg

Gewicht

0.035 ounces	1 g
1 ounce	28 g
1 pound	453 g

Menge

1 fluid ounce	29.6 ml
1 pint	473 ml
1 quart	946 ml
1 gallon (128 fluid ounces)	3785 ml

Temperatur

Um Fahrenheit in Celsius umzurechnen: 32 abziehen, mit 5 multiplizieren und durch 9 teilen.

Um Celsius in Fahrenheit umzurechnen: Mit 9 multiplizieren, durch 5 teilen und 32 addieren.

Persönliche Kreationen

Sie werden beim Experimentieren mit Seifen und Parfüms schnell bemerken, wie hilfreich es ist, sich zu den Herstellungsdaten und den Rezepten Notizen zu machen. Auf diese Weise können Sie nicht nur besonders erfolgreiche Ergebnisse jederzeit nachvollziehen, die Notizen geben Ihnen auch eine wertvolle Orientierungshilfe während des Reifungsprozesses Ihrer Schöpfung. Im folgenden finden Sie Vorlagen, in denen Sie die wichtigsten Fakten festhalten können.

NAME DES SEIFENREZEPTES:

BASISÖLE:

ZUSÄTZE:

DEKORATIVE ZUTATEN:

HERSTELLUNGSDATUM:
DATUM REIFUNGSBEGINN:
DATUM REIFUNGSENDE:

BESONDERHEITEN:

NAME DES SEIFENREZEPTES:

BASISÖLE:

ZUSÄTZE:

DEKORATIVE ZUTATEN:

HERSTELLUNGSDATUM:
DATUM REIFUNGSBEGINN:
DATUM REIFUNGSENDE:

BESONDERHEITEN:

NAME DES SEIFENREZEPTES:

BASISÖLE:

ZUSÄTZE:

DEKORATIVE ZUTATEN:

HERSTELLUNGSDATUM:
DATUM REIFUNGSBEGINN:
DATUM REIFUNGSENDE:

BESONDERHEITEN:

NAME DES SEIFENREZEPTES:

BASISÖLE:

ZUSÄTZE:

DEKORATIVE ZUTATEN:

HERSTELLUNGSDATUM:
DATUM REIFUNGSBEGINN:
DATUM REIFUNGSENDE:

BESONDERHEITEN:

NAME DES SEIFENREZEPTES:

BASISÖLE:

ZUSÄTZE:

DEKORATIVE ZUTATEN:

HERSTELLUNGSDATUM:
DATUM REIFUNGSBEGINN:
DATUM REIFUNGSENDE:

BESONDERHEITEN:

NAME DES PARFÜMREZEPTES:

BASIS-ALKOHOL:

ÄTHERISCHE ÖLE:

ZUSÄTZE:

HERSTELLUNGSDATUM:
DATUM REIFUNGSBEGINN:
DATUM REIFUNGSENDE:

BESONDERHEITEN:

NAME DES PARFÜMREZEPTES:

BASIS-ALKOHOL:

ÄTHERISCHE ÖLE:

ZUSÄTZE:

HERSTELLUNGSDATUM:
DATUM REIFUNGSBEGINN:
DATUM REIFUNGSENDE:

BESONDERHEITEN:

NAME DES PARFÜMREZEPTES:

BASIS-ALKOHOL:

ÄTHERISCHE ÖLE:

ZUSÄTZE:

HERSTELLUNGSDATUM:
DATUM REIFUNGSBEGINN:
DATUM REIFUNGSENDE:

BESONDERHEITEN:

NAME DES PARFÜMREZEPTES:

BASIS-ALKOHOL:

ÄTHERISCHE ÖLE:

ZUSÄTZE:

HERSTELLUNGSDATUM:
DATUM REIFUNGSBEGINN:
DATUM REIFUNGSENDE:

BESONDERHEITEN:

REZEPTVERZEICHNIS / REGISTER

REGISTER